Une année
pour devenir riche

Votre plan succès en 52 étapes

DU MÊME AUTEUR
AUX ÉDITIONS J'AI LU

Réfléchissez et devenez riche

Réfléchissez et devenez riche – Le cahier d'exercices officiel

Le succès par la pensée constructive

Accomplissez vos miracles

Plus malin que le diable

La puissance de la persuasion

NAPOLEON HILL

Une année pour devenir riche

Votre plan succès en 52 étapes

Traduit de l'anglais (États-Unis)
par Jean-Pierre Manseau

J'AI LU

Cet ouvrage a été publié en anglais sous le titre original :
NAPOLEON HILL'S A YEAR OF GROWING RICH,
52 STEPS TO ACHEVING LIFE'S REWARDS

Published by the Penguin Group, Penguin Books USA Inc.,
375 Hudson Street New York, New York, 10014, U.S.A.

Précédemment paru sous le titre *Votre plan succès.*

Sommaire

En guise de préambule

Napoleon Hill est né dans la pauvreté au bord de la rivière Pound (Virginie) en 1883, mais il a obtenu un grand succès à titre d'avocat, de journaliste et d'écrivain, pionnier de la motivation moderne. Il fut le conseiller des présidents américains Thomas Woodrow Wilson et Franklin Delano Roosevelt, et le confident du philanthrope Andrew Carnegie. À la fin du XXe siècle, la fondation Napoleon Hill a ressorti ses écrits, obtenant ainsi la faveur d'un immense lectorat international pour des ouvrages tels que *Réfléchissez et devenez riche* et *La Puissance de la persuasion* (ce dernier est paru chez le même éditeur).

Quelques minutes chaque semaine suffisent pour récolter des récompenses pendant toute votre vie.

La richesse, le pouvoir, la santé, le bonheur et l'accomplissement dépendent d'une seule personne : vous-même.

Napoleon Hill, cet homme sage, auteur à succès et perpétuel créateur de millionnaires, vous offre l'unique outil dont vous avez besoin pour devenir ce à quoi vous aspirez, faire tout ce qui vous intéresse et avoir tout ce qui correspond à vos désirs.

À l'intérieur de cette œuvre motivante et stimulante, vous trouverez un message pour chaque semaine de l'année. Il vous fera voir le monde autour de vous et vous-même d'une façon éclatante, entièrement nouvelle. Vous apprendrez à prendre conscience de toutes les forces en vous et à repérer le vaste éventail d'occasions, sous vos yeux, en approfondissant les messages de cette publication. Laissez les méditations hebdomadaires de Napoleon Hill vous aider à récolter les récompenses qui semblaient peut-être au-delà de vos rêves, mais qui sont maintenant aisément à votre portée.

Préface

Cette œuvre de Napoleon Hill est conçue de manière que vous puissiez lire et étudier une étape par semaine pendant un an pour améliorer votre vie personnelle et financière. Ne jugez pas ce livre à son petit format avant d'avoir eu l'occasion de vous familiariser avec son contenu. Attendez-vous à apprendre bien des choses puisque chaque étape renferme son lot d'inspiration.

Certains sujets signifieront davantage pour un bon nombre de lecteurs, mais moins pour d'autres. Cela dépend des attentes et de la situation particulière de chacun.

Étant donné que la semaine 16, *Faites preuve d'initiative personnelle,* se limite à quelques pages dans ce petit livre, la raison pour laquelle tant de gens ne réussissent pas vraiment dans la vie m'a sauté aux yeux.

L'initiative personnelle est très importante si vous souhaitez vous élever au-dessus de la mêlée. Elle vous permet d'accomplir ce que vous devriez faire sans qu'un autre ait à vous le proposer. Napoleon Hill a écrit un article, au début du XXe siècle, qui démontre que l'initiative personnelle a valu son pesant d'or pour un jeune homme, nul autre que lui-même.

J'ai découvert par ma lecture le grand attrait de l'initiative personnelle, car j'ai su en discerner les avantages. J'ai passé trente-huit ans de ma vie dans les banques et la finance, et je fus directeur général d'une banque à l'âge de 41 ans. Même aujourd'hui, dans mon rôle d'administrateur de la fondation Napoleon Hill chargé de diffuser les livres et la philosophie du succès de M. Hill partout dans le monde, j'ai sur mon bureau la reproduction d'un court texte me rappelant en ces termes la leçon sur l'initiative : *Si cela doit être, cela dépend de moi*. Le message nous rappelle chaque jour que l'initiative personnelle est nécessaire en vue de parvenir à d'excellents résultats.

Le sous-titre du livre décrit exactement ce que cela veut dire : ce sont des étapes pour vous aider à atteindre vos buts dans la vie. Parmi les 52 étapes, vous en trouverez quelques-unes peu attrayantes. Certaines sont plus faciles, d'autres moins ; elles requièrent plus de concentration et d'efforts.

L'étape 38, *Les bienfaits de l'échec*, pourrait représenter un défi plus grand pour l'étudiant qui recherche le maximum de résultats. Ainsi, le point de vue que vous adoptez sur l'échec pourrait faire toute la différence entre les succès à obtenir dans la vie ou une cuisante amertume – celle du pleurnichard incapable d'accepter sa part de responsabilité dans un revers de fortune. On devrait considérer l'échec comme une leçon à tirer. Cette étape atteste que la plupart renoncent au succès en abandonnant au premier signe d'échec.

La ténacité est la qualité à acquérir pour quiconque vise la réussite. Pendant que vous étudiez vos étapes, lisez les biographies de grands hommes et femmes qui ont surmonté des tas de difficultés. Les histoires d'Abraham Lincoln, de Booker T. Washington et de Wilma Randolph nous montrent trois héros américains qui ont réussi dans l'adversité, là où la plupart auraient simplement abandonné.

Je vous suggère de prêter une vive attention à l'étape 33 : *Laissez les habitudes travailler pour vous.* Nos habitudes nous dominent ; on raconte que nous créons nos habitudes, puis que celles-ci nous façonnent. Les habitudes sont des choix répétés à maintes reprises, au point de faire partie intégrante de nous-mêmes et de devenir plus ou moins automatiques ; on les perpétue sans vraiment y penser.

Une fois la lecture de ce livre accomplie, revenez au début de l'ouvrage et évaluez-vous en ce qui a trait à chaque étape. Nul doute que vos progrès relatifs à certaines étapes vous satisferont, et vous déciderez probablement que des études additionnelles et davantage de concentration sur d'autres étapes seront nécessaires pour vous appuyer sur la voie du succès.

Retenez ceci : la lecture, l'étude et l'application des étapes vous révéleront des facettes de vous, lorsque vous vous regarderez dans le miroir. Comme l'argent déposé dans un compte en banque, ce livre continuera de porter ses fruits pendant toute votre vie.

— Don M. Green
Administrateur
Fondation Napoleon Hill

Avant-propos

J'ai eu la bonne fortune d'œuvrer comme directeur général au service de Napoleon Hill pendant une décennie, dans les années 1950 et 1960. Durant notre association, nos conférences, livres, vidéos et consultations privées menaient à des résultats gratifiants, efficaces et souvent étonnants. M. Hill et moi-même avons appris à des milliers de gens à se motiver et à motiver leurs semblables – à volonté – pour acquérir les véritables richesses de la vie, et pour obtenir un succès financier et professionnel incroyable.

Nous avons vite remarqué cependant que nombre de gens apprenaient les principes sans développer l'*habitude de les mettre en application*. Ils ont perdu l'inspiration et ont cessé d'essayer. Nous nous sommes donc rendu compte que la motivation (l'inspiration qui mène à l'action) agit comme un brasier : à moins d'alimenter le feu, la flamme finit par s'éteindre.

Dans la perspective de maintenir les flammes de la motivation tel un brasier ardent, Napoleon et moi avons fondé le magazine *Success Unlimited.* Avec ses articles évocateurs, nous avons procuré un combustible inépuisable aux lecteurs désireux de se motiver en vue d'atteindre un niveau toujours plus élevé de réussite. Ce fut une merveille : des milliers de gens en vinrent à compter sur le petit périodique pour y puiser des idées grandioses aptes à entretenir leur enthousiasme.

Les thèmes que vous retrouverez dans cette anthologie ont d'abord été exploités dans *Success Unlimited.* En réponse à l'intérêt soutenu que leur traitement a provoqué, la fondation Napoleon Hill a rendu disponible ce recueil d'articles parmi les plus recherchés de M. Hill. À l'instar de son best-seller *Réfléchissez et devenez riche*, chaque sujet abordé est digne d'intérêt et le texte contient un message qui vous interpelle. Nous avons sélectionné ces articles afin de vous inciter à augmenter le pouvoir illimité de votre esprit.

Bien entendu, ce livre ne peut pas vous donner à lui seul la joie, la santé, le pouvoir et la richesse. Mais si vous désirez ces bienfaits, il vous aidera à générer des idées neuves et à rester concentré sur la réalisation de vos objectifs. Vous prendrez conscience de nouvelles occasions qui deviendront évidentes pour vous. Mais le plus important demeure que vous serez poussé à passer à l'action. Vous êtes peut-être heureux et en bonne santé. Vous pouvez acquérir la fortune. Le pouvoir vous habite, en quantité illimitée. Mais avant tout, vous devez décider si vous êtes prêt à payer le prix pour tirer de cet ouvrage les principes du succès qu'il expose et les mettre en pratique afin d'obtenir la véritable richesse de la vie. Ce choix vous appartient, à vous seul.

Si vous êtes disposé à découvrir et à mettre en pratique les principes simples et universels répandus dans ces pages, vous pouvez dès maintenant vous y investir en décidant exactement ce que vous désirez accomplir ou acquérir. Outillé d'objectifs précis et à long terme, de buts immédiats et intermédiaires, vous serez encore plus enclin à reconnaître, à établir un rapport, à assimiler et à exécuter les principes et à utiliser les techniques qui vous aideront à les atteindre.

Je vous assure qu'elles sont efficaces, car c'est grâce à leur mise en pratique que j'ai pu fonder ma première compagnie d'assurance avec 100 dollars tout au plus et m'élever au poste de président du conseil d'administration des sociétés d'assurance AON, une organisation multimilliardaire de prestation de services qui s'étend maintenant sur quatre continents. Des milliers de nos représentants commerciaux, de nos employés de bureau et de nos actionnaires se retrouvent aujourd'hui aux degrés les plus élevés de l'échelle des revenus parce qu'ils ont appliqué les principes mis de l'avant par Napoleon Hill.

Au cours de mes années à la présidence des Chicago Boys Clubs, j'ai vu la façon de vivre des jeunes de quartiers défavorisés se transformer grâce à la mise en pratique de cette philosophie de la réussite personnelle et des vérités profondes qu'elle contient. Et j'ai constaté la diminution des cas de nouvelles infractions chez les détenus qui ont pris le temps de lire des ouvrages et des magazines concernant l'approche de Napoleon Hill pendant leur emprisonnement. Ces principes sont intemporels et susceptibles d'être mis en pratique aussi bien aujourd'hui qu'à l'époque où ils ont été publiés dans *Success Unlimited*.

J'ai gardé l'habitude d'évaluer mon travail et celui des autres en fonction d'un seul critère : ce qui compte, c'est les résultats. En me fondant sur mon expérience personnelle et sur les témoignages de milliers de lecteurs qui m'ont écrit des quatre coins de la planète, je sais que les textes de Napoleon Hill exercent une influence remarquable en transmettant du bonheur, de la santé, du pouvoir et de la richesse aux lecteurs habités du désir sincère et ardent d'atteindre ces objectifs.

Les notions véhiculées dans ce trésor de publication pourront vous procurer les mêmes avantages. Si vous suivez le chemin tracé par ce grand écrivain, vous découvrirez – comme des millions d'autres personnes – que vos seules limites, en vérité, sont celles que vous avez mises en place dans votre propre esprit.

— W. Clement Stone
Président
Fondation Napoleon Hill

Introduction

Ce recueil des écrits de Napoleon Hill a été créé pour dynamiser, semaine après semaine, vos efforts pour parvenir au succès tant personnel que financier. Comme W. Clement Stone l'a souligné avec pertinence dans l'avant-propos, la motivation est un feu qu'on doit sans cesse alimenter.

Cet ouvrage condense 52 articles, un par semaine de l'année. Pour autant d'étapes. Lisez le thème hebdomadaire, chaque jour de la semaine, à un moment privilégié vous laissant l'occasion de réfléchir aux conseils prodigués par M. Hill et à tout ce que cela implique. Aucun texte n'est trop long ou dur à saisir. Il s'agit de défis. Après avoir édité cette anthologie et révisé maintes fois son contenu, je vous confirme que chaque fois que je m'y replonge, de nouveaux traits de lumière guident mon esprit et m'inspirent.

Lors de ma dernière semaine consacrée à l'écriture de ce livre, j'achevais à peine ma relecture de la semaine 30, *Soyez optimiste*, lorsque j'ai repensé à un projet trop peu probable auquel j'avais renoncé. Doté de ce nouvel encouragement, je l'ai réexaminé ce soir-là et, le matin venu, une proposition écrite en émergeait. En moins d'une semaine, j'avais vendu ce projet 20 % plus cher que je m'y attendais. Avoir relu *Soyez optimiste* une fois de plus, je suis certain que j'aurais même amélioré mon produit.

Chaque article ne rapportera pas nécessairement d'avantages instantanés. Par exemple, *Le contentement* (semaine 49) livre un message censé vous être utile aussi bien cette semaine-là que dans les prochaines années. Or sa signification deviendra de plus en plus claire. Par ailleurs, *Le sens du spectacle* (semaine 14) vous propose quelques astuces concrètes à mettre en pratique dès que vous aurez refermé ce recueil de textes choisis.

Un article en particulier pourrait vous éclairer tout spécialement. Accordez-lui quelques jours de plus ou une seconde semaine. Ce programme n'est pas une course contre la montre, mais une méthode pour vous aider. C'est à vous, non au calendrier, de décider de votre amélioration.

Il est possible que vous ne vous sentiez pas concerné par un thème ou un autre, mais ne vous empressez pas de le sauter pour autant. Votre état d'esprit, peu enclin pour le moment, pourrait vous dissimuler un message subtil nécessaire à votre progression. Réfléchissez mûrement à chacune des étapes. Ma plus grande difficulté, lorsque j'ai entrepris de sélectionner ces écrits parmi une multitude, fut de composer avec les nouvelles perceptions, les nouveaux messages que je discernais à chaque incursion dans les textes que j'avais mis de côté.

Voilà certes une bonne raison pour recommencer une lecture intégrale de ce livre de Napoleon Hill après en avoir parcouru toutes les pages. Lors de votre relecture, vous tirerez avantage de la nouvelle sagesse acquise et vous réexaminerez chaque thème selon une nouvelle vision. C'est cela, le développement personnel.

Si relire soir après soir des centaines de phrases pareilles vous paraît laborieux, voici quelques trucs pour ragaillardir vos efforts :

- Trouvez le rapport entre vos activités de la journée et le message de la semaine. Par exemple, quand vous lisez la suggestion de la semaine 5, *La force émerge du conflit*, tournez-vous vers votre vie et déterminez les difficultés auxquelles vous devez faire face.
- Lisez l'étape à voix haute. Entendre le message de vive voix pourrait vous rendre beaucoup plus réceptif et sensible aux responsabilités qu'il engendre.
- Travaillez avec une autre personne. Votre partenaire de vie est un excellent choix, comme ce pourrait être un copain, une collègue de bureau, de covoiturage ou un bon ami au téléphone. Discutez de vos réactions, ou combinez cette étape avec la précédente et lisez-vous réciproquement les articles à haute voix.
- Vulgarisez cette étape en prenant des notes sur une feuille de papier, votre tablette électronique ou votre téléphone portable. Ainsi, vous prendrez davantage conscience de l'effort nécessaire pour écrire, en plus de remarquer inévitablement des passages que vous aviez sautés auparavant. Vous pourriez même conscientiser votre façon de reconstituer les paroles de Napoleon Hill pour les rendre conformes à votre propre programme. Transcrire chaque mot vous fera

prendre conscience avec exactitude de ce qui vous est démontré.

Bannissez tout sentiment d'obligation comme si on vous assignait des devoirs. La seule note que vous recevrez pour la lecture de cet ouvrage sera celle que vous vous accorderez. Mais au contraire de résultats obtenus dans une classe du secondaire ou du collégial, les progrès accomplis grâce à ce livre auront encore leur signification l'an prochain, dans 5 ou 12 ans, voire dans un demi-siècle ! Soyez déterminé, ici et maintenant, à faire de cette lecture un instrument destiné à vous aider à concrétiser vos désirs. Et vous y parviendrez.

— MATTHEW SARTWELL
Éditeur de ce recueil en version originale

Semaine 1

Personne n'est entraîné par le courant vers la réussite

Nul besoin d'être futuriste ou visionnaire pour prédire l'avenir de quelqu'un. Il suffit de lui poser cette question toute simple à deux volets : « Quel est votre *objectif précis* dans la vie et quels sont vos plans pour l'atteindre ? » Posez-la à 100 personnes et 98 d'entre elles répondront à peu près ceci : « Mon but est de connaître une existence des plus agréables et d'obtenir autant de succès que possible. »

De prime abord, cette réponse semble pertinente, mais si vous l'analysez plus en profondeur, il en ressort qu'une personne plutôt instable n'obtiendra pas plus de la vie que les restants de ceux qui ont vraiment réussi. Non seulement ces derniers sont-ils dotés d'un objectif précis, mais ils possèdent en plus un plan pour l'atteindre. Par conséquent, pour obtenir le succès escompté, vous devez dès maintenant décider quel est votre but et planifier les étapes grâce auxquelles vous comptez le réaliser.

À une certaine époque, j'ai travaillé avec Stuart Austin Wier, de Dallas. Il collaborait à un magazine que j'éditais, et il peinait à équilibrer son budget. Il serait sans doute encore un écrivain miséreux et sans envergure si une de ses histoires à propos d'un certain inventeur ne l'avait pas incité soudain à changer de vie.

À la plus grande surprise de ses proches, il les informa qu'il mettait fin à sa carrière de journaliste et reprenait ses études afin de devenir avocat en droit des brevets. Il ne serait pas simplement un quelconque fournisseur de brevets, mais il deviendrait « le meilleur agent de brevets d'invention en propriété intellectuelle des États-Unis ». Il exécuta son plan avec une telle ferveur qu'il acheva ses études de droit en un temps record.

À ses débuts dans la profession, il choisit intentionnellement les cas les plus difficiles. Sa réputation n'était plus à faire et l'on réclamait ses services à tel point que, malgré des honoraires exorbitants, il devait refuser des clients.

Celui qui agit doté d'un objectif et d'un plan attire les occasions. Qu'est-ce que la vie peut vous donner si vous ne savez pas vous-même ce que vous voulez ? Comment peut-on vous aider à réussir si vous n'avez pas encore décidé de la façon d'y arriver ? Il faut un objectif précis pour être en mesure de surmonter les défaites et l'adversité qui jalonneront votre parcours.

Lee Maranz fut l'un des premiers et des plus grands franchiseurs américains. Or il savait ce qu'il voulait et comment l'obtenir. Cet ingénieur en mécanique a inventé un congélateur automatique qui fabriquait de la glace alimentaire molle. Il a imaginé une chaîne de magasins de crème glacée d'un océan à l'autre et a mis au point un plan pour que son rêve se matérialise.

Comme bien des gens depuis, il a bâti sa réussite en aidant les autres à connaître du succès. Il les a aidés à ouvrir des commerces de glaces à la crème en leur fournissant le bâtiment et en concevant les plans, une idée révolutionnaire à l'époque. Il vendait les machines de glace à la crème au prix coûtant et tirait ses bénéfices de la vente de la préparation pour les glaces. Le résultat ? La chaîne de glaces Maranz était résolument lancée dans le pays.

« Si vous croyez fermement en vous-même, en ce que vous faites et en ce que vous souhaitez effectuer, aucun obstacle ne sera trop difficile à surmonter », disait Lee.

Si vous voulez obtenir du succès, cessez dès aujourd'hui de vous laisser aller. Choisissez un objectif précis. Écrivez-le. Apprenez-le par cœur. Déterminez exactement le plan que vous utiliserez pour l'atteindre. Puis commencez en le mettant en œuvre sur-le-champ.

Votre avenir est ce que vous en ferez. Décidez-le aujourd'hui même.

Semaine 2

Apprenez à vivre votre propre vie

Vous n'aurez jamais la conscience tranquille si vous permettez aux autres de vivre votre vie à votre place.

Il est une vérité des plus profondes ayant trait à la nature humaine : *Le Créateur, une Puissance supérieure ou l'univers nous a donné un droit entier et un pouvoir incontestable sur une chose, et une seule : notre propre esprit.* Son but était sans doute de nous encourager à vivre notre propre vie, à penser nos propres réflexions, sans l'intrusion d'autrui dans notre existence. Autrement, nous n'aurions pas été dotés d'une souveraineté aussi claire sur notre esprit.

Rien qu'en exerçant cette mainmise sur votre esprit et votre vie, vous pouvez vous élever vers les hauts sommets de la réussite, peu importe le champ d'action que vous aurez choisi pour vos apprentissages. Apprendre ce privilège est la seule vraie voie d'accès au génie. Le génie est celui qui entre en pleine possession de son esprit et qui le conduit vers les objectifs de son choix, sans permettre aux influences extérieures de le décourager ou de l'induire en erreur.

Nous connaissons tous des gens célèbres qui ont éprouvé des revers et qui, en faisant face à l'adversité, ont retourné la situation à leur avantage en surmontant de grands obstacles pour devenir riches et légendaires. Ces personnages illustres ont transformé ces épreuves en tremplins. Ils sont devenus des génies industriels des XIXe et XXe siècles : Henry Ford, Thomas Edison, Andrew Carnegie, les frères Wilbur et Orville Wright (auxquels on pourrait ajouter plus récemment Steve Jobs parmi les figures majeures de l'électronique grand public, les pionniers de la micro-informatique tels que Bill Gates et le magnat des réseaux sociaux Mark Zuckerberg, parmi d'autres esprits brillants de la haute technologie).

D'ailleurs, on constate que de simples mortels, en grand nombre, refusent d'accepter l'échec. Ils se détournent devant la perspective de faire partie de la multitude de gens qui perpétue une existence et une expérience le plus souvent constituées de misère, de déception et d'échec.

Il y a fort longtemps, un jeune ancien combattant vint me rencontrer pour du travail. Il me fit part de son découragement et à quel point il était désabusé. Tout ce qu'il attendait de la vie était un emploi, un endroit où dormir et de la nourriture pour subsister.

Son regard dont l'éclat était terni me disait qu'il considérait que l'espoir était mort. J'avais devant moi un jeune homme parfaitement apte et prêt à se contenter de trois fois rien alors que je savais très bien qu'en changeant son attitude, il pourrait gagner une fortune.

Mais ce je-ne-sais-quoi en lui, cette étincelle à peine visible, m'incita à lui demander : « Aimeriez-vous devenir multimillionnaire ? Pourquoi accepter une existence minable quand vous pouvez sans difficulté gagner des millions ?

— Ne plaisantez pas avec moi, répliqua-t-il. J'ai faim et j'ai besoin d'un travail.

— Je ne me moque pas de vous. Je suis on ne peut plus sérieux. Et vous pouvez gagner des millions si vous êtes seulement disposé à utiliser les actifs que vous possédez déjà.

— Que voulez-vous dire par *actifs* ? s'exclama-t-il. Je n'ai rien d'autre que mes vêtements sur le dos ! »

Peu à peu, au fil de notre conversation, j'appris que ce jeune homme avait été un vendeur de brosses et de balais avant d'entrer dans l'armée ; puis, pendant son service, il avait été très souvent de corvée aux cuisines et il avait appris à cuisiner plutôt bien. En d'autres mots, en plus de ses attributs naturels qui étaient un corps en santé et un esprit selon toute probabilité positif, ses atouts principaux étaient qu'il pouvait cuisiner et vendre.

De façon générale, bien sûr, pas plus la vente que la cuisine ne peuvent propulser une personne au rang des multimillionnaires, mais ce vétéran se sortit lui-même du parcours ordinaire de la vie. Il fut mis en présence de son propre esprit et de son potentiel s'il en devenait maître.

Pendant les deux heures que j'ai passées avec lui, je l'ai vu se transformer et, d'une personne perdue dans un océan de désespoir, devenir à tout le moins quelqu'un qui réfléchit aux possibilités. Il y parvint avec la puissance d'une idée. « Pourquoi n'utilisez-vous pas votre aptitude pour la vente afin de persuader les gens au foyer d'inviter leurs voisins à un repas fait maison, afin de leur vendre des articles de cuisine ? »

Je lui prêtai assez d'argent pour s'acheter quelques vêtements et le premier assortiment d'ustensiles de cuisine, puis je le laissai aller. Pendant cette première semaine, il gagna une petite somme rondelette en vendant des accessoires de cuisine en aluminium. La semaine suivante, il doubla ce montant. Puis il commença à former d'autres vendeurs qui travaillaient pour lui en vendant les mêmes articles de cuisine.

Au bout de quatre ans, il gagnait plus d'un million de dollars par année et il avait mis en œuvre un nouveau plan de vente qui est devenu depuis une industrie florissante. Quand les nœuds qui emprisonnent un esprit humain sont rompus et qu'une personne est présente à elle-même – le vrai moi sans limitations –, je crois que les portes de l'enfer tremblent de peur et que les cloches du paradis résonnent de joie.

Semaine 3

Motivez-vous pour obtenir du succès

La satisfaction personnelle est sans aucun doute l'une des primes les plus importantes que le succès apporte. Même si le fait d'accumuler des richesses est considéré souvent comme la mesure ultime de la réussite, elle n'en demeure cependant qu'*une* mesure parmi d'autres. C'est toutefois une dimension importante, me direz-vous. Bien sûr, mais le vrai succès mène à la satisfaction de savoir que vous avez bien fait le travail tout en atteignant l'objectif que vous vous étiez fixé.

Albert Einstein n'a jamais possédé de grande fortune au cours de sa vie. Mais qui pourrait dire qu'il n'a pas réussi ? Il s'est hissé au sommet de sa profession et a changé le monde parce qu'il savait ce qu'il voulait faire et qu'il disposait d'un plan pour l'accomplir.

Comment pouvez-vous vous motiver pour réussir ? La réponse réside dans la méthode suivie par Albert Einstein et toutes les personnes qui ont connu un immense succès. Utilisez-la. Manifestez un brûlant désir de ce que vous espérez avoir afin d'atteindre un plus grand objectif que celui que vous vous êtes fixé vous-même. Rappelez-vous, il y a une différence entre simplement souhaiter quelque chose et décider sans l'ombre d'un doute que vous l'aurez.

Sitôt que ce brûlant désir vous attisera, vous développerez une force de détermination qui vous permettra de simplement balayer les obstacles qui vous paraissaient insurmontables. *Toute chose est possible à la personne qui croit qu'elle est possible.*

Fixez-vous un objectif précis dans la vie. Écrivez-le. Apprenez-le par cœur. Dirigez chacune de vos pensées et toutes vos énergies pour qu'il devienne réalité. Au lieu de laisser les échecs passagers vous propulser hors de votre route, cherchez en eux le germe d'un avantage équivalent, qui pourrait vous aider à retourner sur la voie de sa concrétisation.

Quand Henry Ford commença à travailler à son premier « boghei sans cheval », les gens qui ne voyaient pas aussi loin que lui – plusieurs membres de sa famille et ses voisins – se moquaient de lui. Certains le surnommèrent l'« inventeur fou ».

Fou ou pas, M. Ford savait ce qu'il voulait et un désir brûlant de l'accomplir le tenaillait. Il refusait aussi d'accepter toute limitation. Manquant d'instruction et de formation en mécanique, il s'est tout simplement formé lui-même. Rien ne se dresse sur le chemin d'une personne déterminée à atteindre le but de sa vie.

Henry Ford a changé le visage de l'Amérique. Ses automobiles produites en série rendirent le transport abordable pour la famille moyenne, et ouvrirent les États-Unis au commerce. Toutes les industries se développèrent autour de l'automobile : sans le « modèle T » de Ford, jamais le besoin d'un réseau d'autoroutes (et des emplois que leur construction créa) ne se serait fait sentir, ni le besoin de créer des stations-service, d'établir des franchises de restaurants au bord des autoroutes et de prévoir des motels.

Un autre exemple parfait est John Wanamaker, homme d'affaires, fondateur des grands magasins Wanamaker's à Philadelphie, qui débuta comme commis dans un magasin de vente au détail, dans cette même ville, la plus grande de Pennsylvanie. Depuis le début, il s'était mis en tête qu'un jour il allait posséder un magasin semblable. Quand il l'annonça à son patron, le propriétaire du magasin éclata de rire et dit : « Eh bien, John, tu n'as pas assez d'argent pour t'acheter une tenue supplémentaire, n'est-ce pas ?

— Non, mais je veux un magasin comme celui-ci, ou même mieux encore. Et je l'aurai. »

Au summum de sa réussite, John Wanamaker possédait l'un des plus grands établissements commerciaux que la région ait jamais connus.

« J'ai consacré très peu de temps aux études, disait-il des années plus tard. Mais j'ai acquis la formation qu'il me fallait. Tout comme une locomotive a besoin d'eau pour la traction de l'engin – je la ramassais pendant que je courais. »

N'oubliez pas : *Tout ce que l'esprit de l'homme peut concevoir et croire, il peut le réaliser.* La personne déterminée à atteindre le succès commence là où elle est, faisant le meilleur usage des outils qu'elle possède, quels qu'ils soient, et acquérant toutes les autres choses qui lui sont nécessaires durant son cheminement. Commencez là où vous vous trouvez aujourd'hui.

Semaine 4

Certains réussissent, d'autres échouent… Pourquoi ?

Depuis que le monde est monde, cette question se pose et motive les gens à chercher et à trouver diverses manières de rendre leur vie plus agréable. Les comparaisons qui suivent, décrivant les particularités des personnes qui échouent par rapport à celles des individus qui réussissent, vous aideront à répondre à cette question.

La personne qui a du succès sait précisément ce qu'elle désire, possède un plan pour le gagner, croit en sa capacité de l'obtenir et consacre la majeure partie de son temps à l'acquérir. Celle qui échoue n'a pas d'objectif précis dans la vie, croit que tout succès découle de la « chance » et agit selon sa propre initiative seulement par obligation.

La personne qui réussit maîtrise l'art d'influencer les autres pour qu'ils coopèrent, dans un esprit de camaraderie, à mener à bien ses plans et objectifs. La personne qui échoue critique et s'ingénie à propager son attitude critique.

La personne qui a du succès réfléchit avant de parler. Elle pèse ses mots avec soin. Et elle souligne ses penchants pour les gens, minimisant ses antipathies ou ne les mentionnant pas du tout. La personne qui échoue fait le contraire. Elle parle d'abord, puis elle réfléchit plus tard. Ses mots sont porteurs de regret et de gêne, et le ressentiment qu'ils engendrent la prive de tout bénéfice qu'elle pourrait recevoir.

L'individu à la main heureuse exprime ses opinions seulement après s'être informé, afin de procéder avec intelligence. Le perdant s'exprime sur des sujets qu'il connaît à peine, voire pas du tout.

La personne qui a du succès planifie l'emploi de son temps et établit un budget conforme à son revenu. Elle vit selon ses moyens. L'autre, qui échoue, dilapide son temps et son revenu avec indifférence et mépris pour leur valeur.

La personne qui carbure à la réussite porte un vif intérêt aux gens, spécialement à ceux avec qui elle se découvre des affinités, et elle entretient des liens d'amitié avec eux. La personne qui accumule les échecs se préoccupe uniquement des gens dont elle peut tirer des avantages.

L'individu qui a du succès a l'esprit ouvert et est tolérant sur tous les sujets, à l'égard de tout le monde. Celui qui échoue a un esprit fermé qui croupit dans l'intolérance. Cela l'empêche de distinguer les occasions favorables et de discerner les signaux de la coopération amicale.

La personne qui a du succès vit avec son temps, son époque et juge important de se tenir au courant de l'actualité, pas seulement de ses propres affaires, son travail ou sa collectivité, mais aux quatre coins de la planète. La personne qui manque son coup s'intéresse seulement à ses besoins immédiats, les satisfaisant par tous les moyens à sa portée, bons ou mauvais, de gré ou de force.

La personne qui réussit garde un esprit et une conception de la vie positifs en tout temps. Elle reconnaît que l'espace qu'elle occupe dans le monde et le succès auquel elle prend plaisir dépendent de la qualité et de la quantité des services qu'elle rend. Elle a coutume de rendre plus de services qu'elle n'en promet. La personne qui échoue cherche « quelque chose pour rien » ou sous la table, une récompense qu'elle n'a pas méritée. Et quand elle n'y parvient pas, elle blâme les autres pour leur cupidité.

La personne qui a du succès a un intense respect pour son Créateur, une Puissance supérieure ou l'univers et l'exprime fréquemment par des prières, des remerciements, des gestes de gratitude et des actes de soutien. La personne qui échoue ne croit qu'à son propre désir de nourriture et d'abri, et recherche ceux-ci aux dépens d'autrui, quand et où elle le peut.

En tous points, il existe une grande différence, à la fois dans les mots et dans les actes, entre le type qui a du succès et celui qui échoue. Mais chaque personne est là où elle est et ce qu'elle est à cause de sa propre attitude mentale envers elle-même comme envers les autres.

Semaine 5

La force émerge du conflit

La lutte est un moyen intelligent, pour la nature, d'obliger l'humanité à se développer, prendre de l'expansion et progresser. C'est une rude épreuve ou une expérience magnifique, selon notre attitude envers elle. Le succès est impossible – même inimaginable – sans adversité.

La vie, de la naissance à la mort, est réellement une chaîne continue de luttes inévitables et toujours plus étendues. L'enseignement tiré de nos combats est cumulatif – nous en apprenons un peu à chaque expérience de vie.

« Faites ce qu'il faut », a dit le philosophe et essayiste Ralph Waldo Emerson, « et vous aurez le pouvoir ».

« Affrontez le conflit et surmontez-le », dit la Nature, « et vous aurez la force et la sagesse suffisantes pour répondre à tous vos besoins ».

Les arbres les plus forts dans la forêt ne sont pas les mieux protégés ; eux doivent se battre contre les intempéries, contre les autres arbres, et ils doivent les dominer pour survivre.

Mon grand-père était un fabricant de wagons. En défrichant sa terre pour la culture, il laissait toujours quelques chênes debout à l'entrée des champs, où ils étaient exposés à l'ardeur du soleil et au souffle du vent dans toute leur force.

Les arbres qui résistaient à la Nature étaient de loin plus forts et plus résistants que les chênes protégés au cœur de la forêt. C'était le bois de ces arbres qui avaient lutté que mon père utilisait pour les jantes des wagons, les courbant en segments arqués sans craindre qu'ils ne se brisent. Parce que les arbres avaient lutté, le bois était devenu assez fort pour supporter les poids les plus lourds.

De même, la lutte rend l'esprit humain plus fort. La plupart des gens essaient de traverser la vie en suivant le chemin du moindre effort. Ils ne se rendent pas compte que cette philosophie détourne le cours des rivières – et donne parfois le même résultat avec l'espèce humaine. Sans la force de caractère qui trouve son origine dans la lutte, vous seriez grandement tenté de flotter où coule la vie avec peu de buts ou de plans.

Une fois compris le grand objectif de la vie, nous commençons à nous réconcilier avec les circonstances qui nous obligent à lutter. Le résultat ? Nous acceptons le combat pour ce qu'il est : *une opportunité.*

La lutte nous oblige à bouger. Autrement nous resterions immobiles. Et cela nous conduit finalement à conscientiser ceci : la réussite ne s'obtient que par le combat. Rien de valable dans la vie ne s'accomplit sans lutter. Si c'était facile, tout le monde pourrait le faire. Où que vous trouviez une personne, homme ou femme, qui a du succès, vous trouverez une personne qui a lutté dans sa vie. La vie est un combat et les récompenses vont à ceux qui affrontent les difficultés, les surmontent et avancent vers le défi suivant.

Mon premier patron, après l'école de commerce, fut le général Rufus A. Ayers, dont la clientèle était si nombreuse que je devais souvent l'aider le soir et pendant les vacances.

À la fin de chacune de ces séances de travail, il s'excusait toujours de m'avoir obligé à rester pendant de si longues heures. Mais il ajoutait : « Vous m'avez bien aidé, mais ce travail vous a été plus bénéfique à vous-même encore grâce à l'expérience que vous avez acquise ce soir. »

Et je n'oublierai jamais la réponse d'un des plus grands adjoints d'Henry Ford quand je lui demandai un jour sa formule du succès. « Je me débrouille pour me trouver sur le chemin d'hommes comme M. Ford, et j'espère qu'ils m'appelleront quand quelque chose devra être fait. »

En vous empressant de vous engager dans la lutte, au lieu d'essayer de l'éviter, vous pouvez vous aussi l'utiliser pour vous aider à apprendre, à vous développer et à réussir.

Semaine 6

La sincérité

Il faut viser un *objectif précis* dans la vie pour obtenir la réussite. Si votre désir de procurer à autrui le meilleur service ou le produit le plus approprié est vraiment sincère, vos chances de l'atteindre seront beaucoup plus grandes. Le mot à retenir ici est *sincère*.

La sincérité est un trait de caractère très rentable quant au contentement de soi et à la dignité personnelle, qui vous donne le pouvoir spirituel de vivre avec vous-même jour et nuit.

Nous nous dirigeons nous-mêmes, nous avons donc le plus grand respect pour l'invisible « autre soi-même » qui peut nous mener à la gloire, à la célébrité et à la richesse – ou nous reléguer dans la misère et l'échec.

Un ami d'Abraham Lincoln lui confia un jour que ses ennemis étaient en train de répandre des ragots terribles à propos de lui dans son dos.

« Je me moque de ce qu'ils disent », s'exclama Abraham Lincoln, « aussi longtemps que ce n'est pas la vérité ».

La sincérité de ses visées l'avait immunisé contre la peur des critiques.

La sincérité va de pair avec l'intention. C'est pourquoi les autres ont le droit de se questionner sur la vôtre avant de vous accorder leur temps, leur énergie ou leur argent au besoin. Avant de vous engager dans une course à l'action, assurez-vous de votre sincérité. Demandez-vous : *Il est entendu que je recherche un gain personnel dans ce que je suis sur le point de faire, mais est-ce que je vais donner une valeur convenable en service et en produits pour obtenir un profit ou un salaire, ou j'espère obtenir quelque chose pour rien ?* La sincérité est l'une des choses les plus difficiles à prouver aux autres. Mais vous devez être préparé et impatient d'agir.

Martha Berry a jadis fondé une école pour des enfants montagnards, venant d'une région pauvre de la Géorgie du Nord, dont les parents ne pouvaient payer les frais de scolarité. Renflouer les finances de l'école était difficile en ces temps anciens, et elle avait besoin d'un flux constant d'argent pour poursuivre son travail. Elle obtint finalement un rendez-vous avec Henry Ford. Elle lui expliqua ce qu'elle accomplissait et lui demanda un don modeste. Elle essuya un refus, mais enchaîna :

« En revanche, voudriez-vous nous donner des kilos d'arachides ? »

La nouveauté de la requête amusa tellement l'inventeur qu'il lui donna l'argent pour les arachides. Mlle Berry aida ses élèves à planter et replanter les arachides jusqu'à ce qu'ils aient amassé une bonne somme d'argent. Puis elle remboursa M. Ford pour lui montrer à quel point son modeste don avait fructifié. Ce dernier fut si impressionné qu'il fournit assez de tracteurs et de matériel agricole pour que la ferme-école acquière son autonomie financière. Au fil des ans, il investit (à titre gracieux) plus d'un million de dollars dans la construction des magnifiques édifices en pierre qui se trouvent maintenant sur le campus.

« Je ne pouvais m'empêcher d'être ébloui par sa sincérité et sa merveilleuse façon de l'exercer en faveur des garçons et filles dans le besoin », raconta-t-il. Sa foi en sa mission était telle que par ses actes, elle avait convaincu le sceptique inventeur de revenir sur son refus initial. Martha avait prouvé, au-delà de toute attente raisonnable, qu'elle était engagée dans une tentative si louable qu'elle ne plierait jamais devant l'adversité.

Lorsque l'avancée devient pénible – ce qui arrive toujours de temps à autre –, la sincérité de votre objectif vous soutient dans les heures difficiles. Si vous savez du fond du cœur que vous produisez de la vraie valeur pour chaque dollar gagné, votre conviction sera évidente pour les gens avec qui vous faites affaire.

Vous pouvez réaliser vos propres objectifs dans la vie en prouvant aux autres que vous désirez sincèrement les aider. Si vous y parvenez, vous n'aurez pas besoin de vous inquiéter des périodes de vache maigre. Vous aurez plus de clientèle que vous n'en pourrez servir.

Semaine 7

L'espoir

Le fondement du succès se fonde sur l'espoir qui en est en quelque sorte la matière première. Il se matérialise en confiance, la confiance en détermination, et la détermination mène à l'action. L'espoir découle principalement de notre imagination, nourrie par nos rêves d'un meilleur monde où vivre, d'une existence améliorée, d'un lendemain plus heureux.

Guidé par l'espoir, vous vous brancherez sur un but précis auquel votre vie souscrit et vous le traduirez en réalité. Dans la seconde moitié du XIXe siècle, le magnat des chemins de fer James J. Hill était un simple commis, assis devant un télégraphe, et qui cherchait à transmettre un télégramme qu'une amie voulait adresser à une femme dont le mari avait été tué. Le contenu du télégramme inspira fortement James J. Hill : « Sache que ta douleur sera adoucie si tu gardes l'espoir de rencontrer ton mari dans un monde meilleur. »

Le mot *espoir* s'imprégna dans l'esprit du télégraphe. Il se mit à réfléchir aux possibilités et aux opportunités générées par l'espoir. Tout cela le conduisit à rêver de construire un nouveau chemin de fer vers l'Ouest. Il nourrit ce rêve avec tant de détermination et de précision, qu'il le concrétisa. Et c'est ainsi que ce rêve intense, qui avait pris naissance dans l'imagination du télégraphiste James J. Hill, ce rêve nourri par les possibilités que reflétait ce simple mot *espoir*, est devenu le réseau ferroviaire Great Northern Railway.

C'est d'ailleurs dans cette même veine, en reconnaissant que le succès de son chemin de fer était lié à la fortune de ses usagers, James J. Hill permit à de nombreuses personnes de devenir multimillionnaires dans sa foulée. Il persuada les fermiers, les pomiculteurs, les mineurs et les bûcherons de déménager dans l'Ouest et de transporter leurs marchandises grâce à son réseau de chemin de fer. James J. Hill construisit donc un empire financier qui finit par s'étendre du Canada au Missouri et des Grands Lacs jusqu'au détroit de Puget. Il prit même de l'expansion jusqu'en Orient avec sa flotte de bateaux à vapeur.

Manuel L. Quezón y Molina, destiné à devenir le premier président du Commonwealth des Philippines, osa d'abord rêver et espérer un gouvernement autonome pour ses îles bien-aimées, les Philippines. Cet ancien aide de camp osa même aspirer au titre de président de la république indépendante des Philippines. Il transmua son espoir en confiance profonde, qu'il convertit en action, alors qu'il faisait campagne pour devenir représentant des îles à la première assemblée des Philippines.

Pendant un quart de siècle, il orienta tous ses efforts vers l'indépendance de son chapelet d'îles, alors inclus dans les États-Unis. Je le sais, car c'était l'un de mes bons amis et il me laissait souvent le conseiller sur les façons d'atteindre ses buts politiques. Le jour où il fut élu président de la nouvelle république des Philippines, Manuel m'envoya ce télégramme : « Permets-moi de te remercier de tout mon cœur de m'avoir motivé à garder le feu de l'espoir toujours ardent dans mon cœur, jusqu'à ce jour glorieux de la victoire. »

La leçon à tirer de cette histoire est que vous devez laisser libre cours à votre imagination pour créer l'espoir. Osez faire de grands rêves. Croyez pleinement que rien n'est impossible. Comme le disait le naturaliste Henry David Thoreau : « Si vous avez bâti des châteaux dans les airs, votre travail ne doit pas être perdu ; c'est là qu'ils devront être. Maintenant, donnez-leur des fondations. »

À partir de votre espoir et de votre confiance, déterminez un but précis. Écrivez-le. Apprenez-le par cœur. Faites-en la comète constante à partir de laquelle vous tracez votre voie vers le succès. Puis agissez pour qu'il devienne réalité. Quand vous avez les yeux fermement fixés sur l'étoile qui vous guide, il est plus facile de vous diriger vers votre but. Et vous pouvez rapidement distinguer les actions qui VOUS y mèneront de celles qui vous ralentiraient. Sans les yeux résolument fixés sur votre étoile, vous pourriez multiplier les détours avant d'aboutir à votre destination.

N'oubliez jamais que tout rêve commence par l'espoir. Toute histoire de succès au dénouement heureux débute par ces mots : « Il était une fois un homme (ou une femme) qui espérait qu'un jour… » La vôtre doit débuter de la même façon.

Semaine 8

La patience

Les Américains sont pressés. Les autres nations considèrent que c'est leur caractéristique déterminante. Et elles ont raison. Ce trait national provient de la puissante énergie de recherche, leur plus grande source de force. Je m'inclus dans l'équation.

Cette énergie – cette force agissante qui réclame l'action immédiate – peut aussi générer de la faiblesse, car ce sont les gens les plus impatients du monde. En temps de guerre, plusieurs de nos soldats ont pu considérer comme un inconvénient leur impatience typique. Souvent, ils s'exposaient sur la ligne de feu au lieu de tenter de débusquer un tireur isolé.

Ainsi en est-il en affaires. Nous voulons signer les contrats et conclure le marché, dans l'immédiat. À cause de ce penchant pour l'action, nous oublions souvent de prendre le temps d'examiner à fond le dossier. Notre impatience et notre hâte de « faire avancer les choses » pourraient nous coûter un énorme avantage sur le monde disposé à attendre un peu plus avant de passer à l'action.

« Celui qui peut avoir la patience », a dit Benjamin Franklin, « peut obtenir ce qu'il veut ».

La patience demande un genre de courage qui lui est spécifique. C'est un modèle tenace de tolérance et de force d'âme qui résulte d'un dévouement total à un idéal ou à un objectif. La patience, d'après le dramaturge britannique Robert Browning, s'assimile au courage de changer les choses que l'on peut changer, à la bonne volonté d'accepter celles que l'on ne peut changer et à la sagesse d'en connaître la différence. (Tiens, cela me rappelle une prière !) Par conséquent, plus vous serez fortement imprégné de l'idée d'accomplir votre objectif de vie principal, plus vous vous armerez de patience pour franchir les obstacles.

La patience dont je parle est dynamique plutôt que statique, active plutôt que passive. C'est une force positive pour diriger votre destin plutôt qu'une soumission aux circonstances et à la situation qui prévaut. Et cela provient du même genre d'immense énergie que nous, les Américains, possédons en abondance. Toutefois, elle est étroitement contrôlée et bien canalisée vers un objectif unique avec une obsession quasi fanatique.

Savoir où vous allez dans la vie augmente votre tolérance aux petits ennuis qui compromettent vos ambitions. Vous savez que vous arriverez à bon port malgré des retards provisoires. Si vous reconnaissez ces pépins pour ce qu'ils sont et les abordez positivement, vous constaterez leur envol après votre décision de les affronter. Ils disparaîtront bien avant votre détermination.

Constance Bannister considérait son impatience comme son plus grand défaut, jusqu'à ce qu'elle entre dans une profession où la patience est la grande condition préalable – photographe de bébés – et qu'elle devienne l'une des personnes les plus reconnues dans ce domaine.

« Avec un bébé, pour obtenir l'expression que vous désirez, vous devez répéter et répéter, expliquer et expliquer, d'une voix monotone et rassurante, dit-elle. J'aime photographier des bébés parce que cela m'aide tellement, *moi.* Cela développe mon sens de l'humour et m'aide à être créatrice dans d'autres domaines. »

Comment pouvez-vous cultiver la patience ? Facile ! Si vous avez déterminé l'objectif précis de votre vie, et vous vous concentrez sur lui avec toute votre volonté jusqu'à vous imprégner d'un ardent désir de le réaliser, toutes vos pensées, vos actions et vos prières seront dirigées vers cet aboutissement.

Cette sorte d'idée fixe a insufflé au pionnier de l'électricité, Thomas Edison, la patience nécessaire pour inventer le cinéma par l'enregistrement du son, au biologiste, Jonas Salk, la persévérance pour fabriquer un vaccin contre la polio, à l'explorateur néo-zélandais, Edmund Hillary, l'endurance pour escalader le mont Everest en 1953 et à la militante politique, Helen Keller, le courage pour triompher d'un lourd handicap physique (sourde et aveugle) qui semblait insurmontable.

Le même genre de concentration sur votre objectif principal vous donnera la patience nécessaire pour le mener à bien.

Semaine 9

La flexibilité

Nous voulons de l'amour. Nous recherchons l'approbation et l'amitié. Plus encore, nous savons que le concours proche et amical de nos associés facilitera notre parcours vers le succès. Le trait de caractère numéro un d'une personnalité agréable est la flexibilité.

Il s'agit de la capacité de se plier mentalement et physiquement, de s'adapter aux circonstances et à tout environnement, avec sang-froid et maîtrise de soi.

Mais souplesse ne signifie pas docilité. Nul besoin de se soumettre aux caprices et aux désirs de quiconque pour attester sa capacité d'adaptation. Un béni-oui-oui reçoit peu d'appréciation.

En fait la flexibilité serait la capacité d'examiner et d'évaluer vite une situation et d'y réagir selon la logique et la raison avec un minimum d'émotion. En développant ce type de souplesse, vous vous préparez à agir illico : à saisir les occasions favorables et régler des problèmes. Cela pourrait vous aider à devenir une personne décidée.

La souplesse aida Arthur Nash, un fabricant de vêtements de Cincinnati qui vendait par correspondance, à s'adapter rapidement quand la grande inondation de Dayton (Ohio) en 1923 poussa son entreprise à la faillite. Il prit tous ses employés comme associés, selon une base salariale avec participation au profit, et remit sur pied la firme qui devint l'une des plus rentables en son genre dans les années 1920.

Parfois, la flexibilité des autres peut vous aider. Par exemple, Henry Ford avait tendance à être bourru et à manquer de patience envers ses employés et ses associés. Souvent, la souple diplomatie de sa femme Clara l'influença, l'arma de patience et lui épargna bien des difficultés.

Le grand patron de la Bank of America à San Francisco a dit un jour : « Quand nous embauchons des hommes et des femmes, nous les évaluons selon quatre traits de caractère : la loyauté, la fiabilité, la flexibilité et la capacité de bien faire un travail donné. »

Le sens de l'humour est un ingrédient important de la souplesse. Le président Abraham Lincoln devait souvent compter sur sa bonne humeur naturelle pour assurer, à l'intérieur de son cabinet, l'union de ses membres à l'humeur capricieuse en période de crise.

L'humilité est aussi nécessaire. Comment autrement pourriez-vous atteindre ce haut niveau de souplesse nécessaire pour prononcer les mots « *J'avais tort* » comme quiconque le fait un jour ou l'autre ?

Le manque de flexibilité coûta au président Woodrow Wilson l'approbation du Sénat pour son projet si cher de Société des Nations (SDN) – et lui brisa le cœur. S'il avait étouffé son orgueil et invité le sénateur Henry Cabot Lodge – leader américain des opposants à la SDN – à la Maison-Blanche pour une réunion, il aurait pu obtenir l'approbation du Congrès américain, qui a refusé d'adhérer au Conseil de la SDN.

La souplesse est un trait de caractère qui atténue la pauvreté et embellit la richesse, car elle vous aide à être reconnaissant de vos bénédictions et nullement décontenancé par l'infortune. D'où un usage bénéfique de chaque expérience de vie, agréable ou non.

Semaine 10

L'enthousiasme

Ralph Waldo Emerson a un jour déclaré : « Rien de grand n'a été accompli sans enthousiasme. »

Dans le Tabernacle de Salt Lake City, le Tabernacle mormon, on avait annoncé la venue d'un orateur invité pour un discours de quarante-cinq minutes. Il parla pendant plus de deux heures. À la fin, 10 000 personnes se levèrent et l'acclamèrent pendant cinq minutes.

Qu'est-ce qui avait suscité une telle réaction au sermon de l'orateur ? Son message n'était sans doute pas aussi important que sa vigueur. La foule avait salué l'enthousiasme de l'invité et ne se rappelait probablement pas les détails de son envolée oratoire.

Louis Victor Eytinge, emprisonné à perpétuité dans un pénitencier d'État de l'Arizona, n'avait ni amis, ni avocat, ni argent. Mais ce criminel de carrière débordait d'enthousiasme et il y recourut avec une telle efficacité que cela lui valut la liberté.

M. Eytinge écrivit au fabricant américain de machines de bureau Remington Rand en décrivant sa situation et en demandant à l'entreprise de lui vendre à crédit une machine à écrire. La société fit beaucoup mieux. Elle lui en donna une.

Il entreprit une correspondance avec des cabinets d'affaires et leur demanda leurs prospectus de vente – il les réécrivit et leur envoya le résultat. Sa méthode de rédaction était si efficace qu'il eut bientôt assez d'argent, provenant de dons volontaires, pour engager un avocat. En fait, son travail était si bon qu'il capta l'attention d'une agence de publicité de New York qui, aidée de son procureur, obtint sa remise de peine. Au moment où il sortait de prison, il rencontra le chef de l'agence qui l'accueillit avec ces mots : « Eh bien, monsieur Eytinge, votre enthousiasme s'est montré plus fort que les barreaux d'acier de cette prison. »

Et bien sûr, un emploi l'attendait à l'agence !

Les fréquentes répétitions n'ont pas affaibli le vieil adage *Rien n'est aussi contagieux que l'enthousiasme*. L'enthousiasme se compare à une onde radio grâce à laquelle vous transmettez votre personnalité aux autres. Il a plus de pouvoir que la logique, la raison ou l'éloquence pour vendre vos idées et pour rallier les autres à votre opinion.

Un directeur commercial très prospère a affirmé que l'enthousiasme sincère et franc est le trait de caractère prépondérant d'un bon vendeur. « Mettez dans une poignée de main la fermeté qui communiquera votre joie de la voir », a-t-il lancé un jour.

Quelques mots de mise en garde : rien n'est aussi artificiel que le faux enthousiasme : les débordements excessifs d'énergie, un exhibitionnisme affligeant, que chacun reconnaît et dont tous se méfient.

J'ai puisé un exemple de la façon dont votre enthousiasme pourrait vous mener au grand succès dans la carrière et la vie de Jennings Randolph. Après l'obtention de son diplôme à l'Université internationale de Salem en Virginie-Occidentale, Jennings Randolph trempa dans le monde des médias avant d'opter pour la politique. Candidat démocrate écarté de la course en 1930, il mena une campagne très énergique qui lui valut un siège de sénateur au 73e Congrès, en mars 1933, par une écrasante majorité, contre un vieil adversaire plus expérimenté. Motivé par son influence sur les autres représentants, le président Franklin D. Roosevelt le choisit pour piloter la législation spéciale de temps de guerre à la Chambre.

Dans une étude privée sur la renommée, menée par un groupe de professeurs de Washington, le président et le sénateur furent élus à l'unanimité les personnalités les plus agréables ayant été au service du gouvernement. Toutefois Jennings Randolph devançait le président par son pouvoir d'influencer ses pairs grâce à son enthousiasme illimité. Après quatorze années au Congrès, Jennings Randolph décida d'accepter l'une des nombreuses offres d'emploi qu'il avait reçues de l'industrie privée.

Il devint l'adjoint du président et directeur des relations publiques de Capital Airlines (société ensuite acquise par United Airlines) alors que la ligne aérienne sombrait dans les difficultés financières. En moins de deux ans, il aida, avec son énergie sans égale, à ramener les profits du transporteur aérien au-dessus de toutes les autres entreprises de transport aérien.

Appelé à commenter son agréable personnalité, le président de Capital Airlines disait de Jennings Randolph : « Il fait plus que mériter son salaire, pas seulement par le travail qu'il accomplit, mais plus spécialement par l'enthousiasme qu'il communique aux autres membres de la maison. »

Personne ne naît enthousiaste ; ce trait de caractère s'acquiert. Il est à votre portée. Souvenez-vous que dans presque tous vos rapports avec les autres, d'une certaine manière, vous essayez de vous vendre avec vos produits. Ce principe vaut pour toutes les relations significatives. D'abord, persuadez-vous de la valeur de votre idée, de votre produit, de votre service ou de vous-même. Examinez-les – examinez-vous – d'un œil critique. Apprenez les défauts et les faiblesses de tout ce que vous tentez de vendre et corrigez les failles immédiatement. Soyez tout à fait convaincu de la *justesse* de votre produit ou de votre idée.

Fort de cette conviction, cultivez l'habitude de penser positivement, avec force et énergie, et vous découvrirez que l'enthousiasme se développe avec le son clair de la sincérité vraie qui fait autorité et qui vous aide à communiquer cette vertu aux autres.

Semaine 11

Usez de votre magnétisme

Vous avez sûrement rencontré des personnes qui vous attirent irrésistiblement dès le contact initial – des amis immédiats qui vous inspirent plus confiance que la moyenne de vos connaissances. Chacun possède un tel magnétisme à un certain degré, mais quelques-uns davantage.

Le magnétisme personnel semble un patrimoine héréditaire. Il détermine la somme des sensations émotives – joie, amour, enthousiasme – que l'on peut manifester par ses mots et ses actions. Nous ne pouvons augmenter la qualité ou la quantité de ce patrimoine héréditaire, seulement l'organiser et le diriger vers un but recherché. Et ceux qui apprennent à l'exploiter deviennent souvent les leaders, les bâtisseurs, les pionniers et les personnes dynamiques qui aident notre civilisation à évoluer.

Malgré la fréquence du phénomène, ce n'est pas une règle absolue. Trop souvent, des personnes indignes ont une grande influence sur les autres. Aussi nous appartient-il de faire très attention quand nous négocions avec elles, jusqu'à la découverte assurée de leurs intentions et des motifs qui les animent. Retenons toutefois qu'on peut exploiter son magnétisme personnel en vue du succès. Grâce à lui, vous obtiendrez sans doute une coopération amicale à la poursuite de vos buts profonds.

Le magnétisme personnel est révélé en grande partie par la voix, les yeux et les mains : vos principaux moyens de communication. Mais votre maintien et votre attitude ont également leur importance. Les mots auraient beau être vides de sens, le ton de la voix, la force d'élocution et l'enthousiasme affiché pourraient avoir plus de pouvoir que la logique absente et le discours creux.

D'ailleurs, une personne possédant un degré extrêmement élevé de magnétisme pourrait se passer de mots et attirer les gens à ses côtés. Un exemple remarquable est le révérend Billy Graham, décédé à 99 ans en février 2018. Il entraînait des âmes vers la religion et la foi par des gestes simples, avec un regard expressif ou la chaleur de sa voix mélodieuse. Le président Franklin D. Roosevelt avait ce même pouvoir sur les autres dans l'arène politique. Mais, dois-je le rappeler, Adolf Hitler possédait ce magnétisme, de même que le fasciste Benito Mussolini et bien d'autres personnages historiques à la réputation douteuse. Méfiez-vous de ceux qui cherchent à utiliser leur magnétisme personnel à des fins destructrices.

Vous pouvez tirer avantage de ce même pouvoir si vous apprenez à respirer la confiance en soi, la force spirituelle et l'autorité. Faites un effort conscient pour croiser plus franchement le regard des autres, leur serrer la main plus fermement et plus chaleureusement, parler agréablement, d'un ton direct, avec un volume donné et un timbre mesuré, pour captiver l'intérêt des gens qui vous écoutent.

Servez-vous de votre magnétisme personnel et voyez ce qu'il peut accomplir pour vous !

Semaine 12

Ayez confiance en vous

Quand Thomas Edison crut avoir découvert les moyens à la portée d'une machine d'enregistrer et de reproduire une voix humaine, il appela un fabricant d'appareils, lui fournit de son idée un croquis esquissé au crayon et lui demanda de créer un modèle fonctionnel.

Le fabricant regarda le dessin puis s'exclama : « Impossible ! Vous ne ferez jamais fonctionner ce prototype.

— Pourquoi pensez-vous cela ?

— Parce que personne n'a jamais conçu de machine qui puisse parler », s'exclama le fabricant.

Edison aurait pu accepter le verdict et renoncer à son idée de « machine parlante ». Mais ce n'est pas ainsi qu'il raisonnait.

« Allez-y et construisez l'appareil exactement comme je l'ai dessiné, et laissez-moi être le perdant si ça avorte. »

La personne qui mise sur ses idées et ses projets avec confiance a un gros avantage sur les gens qui abandonnent et laissent tomber aux premiers signes de défaite.

Le modèle fut achevé et, à la grande surprise du fabricant, il fonctionna au premier essai.

Le succès ne récompense pas la personne qui se sous-estime et manque d'assurance. Il favorise l'individu qui sait ce qu'il veut, qui est déterminé à l'obtenir et qui refuse d'accepter le mot *impossible.*

Un directeur commercial en assurances, parmi les plus renommés en Amérique, exige de tous ses agents le matin avant d'aller travailler, qu'ils passent cinq minutes devant un miroir, se regardent et se disent : « Tu es le plus grand professionnel de la vente encore vivant et tu vas le prouver aujourd'hui, demain et pour le restant de tes jours. » Et selon un arrangement préalable entre ce directeur commercial et les conjointes de ces vendeurs, celles-ci les accompagnent à la porte chaque matin, avant le départ pour le travail, et chacune leur affirme : « Tu es le plus grand vendeur encore vivant et tu le prouveras aujourd'hui. »

Il est révélateur de savoir que ces préposés à la vente surpassent leurs pairs dans un domaine – l'assurance – où les clients sont très réticents malgré l'obligation d'acheter.

La partie subconsciente de l'esprit humain possède des pouvoirs illimités que chaque individu peut solliciter et orienter vers toute fin recherchée. Cependant, la méthode de l'orienter est si simple que plusieurs ne tiennent pas compte de son efficacité. Bref, le subconscient peut être dirigé en lui parlant simplement et en lui donnant des ordres comme s'il était une personne invisible se tenant prête, et possédant le pouvoir et la volonté de faire tout ce qui lui est demandé.

Le subconscient possède ce trait de caractère bien à lui : il croit tout ce que chacun lui dit, et agit en conséquence. Non seulement obéit-il aux mots prononcés, mais ce qui est plus stupéfiant, c'est qu'il croit et agit suivant les pensées de son maître – plus particulièrement celles où des émotions telles que la conviction ou la peur prédominent.

Le subconscient est aussi très sensible à la répétition des pensées et des mots. Cette caractéristique se révèle bénéfique puisque chacun peut facilement l'amener à travailler en sa faveur, peu importe l'objectif visé. Cela explique aussi pourquoi celui qui permet à son esprit de s'appesantir sur la pauvreté, l'échec, la maladie et toutes les choses qu'il ne désire pas, est tourmenté en les obtenant.

Toute personne qui a du succès possède un système pour conditionner son esprit afin de nourrir son subconscient avec des buts et des objectifs de son choix, avec une telle intensité qu'il n'aura pas l'occasion d'attirer ce qu'il ne désire pas. La technique de ce système est sans importance aussi longtemps que cela transmet au subconscient, par la répétition, une description claire de ce qui est souhaité.

Utilisez votre subconscient pour édifier votre confiance personnelle et vous conditionnerez votre esprit à vous servir pour tous vos accomplissements.

Semaine 13

Aiguisez votre sens de l'humour

Le sens de l'humour aplanit parfois les bosses sur la voie de la réussite. Si vous avez un tempérament enjoué, estimez-vous heureux. Sinon, développez-en un.

Nul doute qu'un bon sens de l'humour rend plus sympathique et intéressant. Cela suffit à vous propulser vers le succès. Plus encore, cela peut vous aider à surmonter les échecs du moment, à les transcender et à adopter de nouvelles lignes de conduite pour le retour à la réussite.

Pour un sens de l'humour aigu, on table d'abord sur l'humilité. Ce type de bonne humeur constant a permis à Minnie Lee Steen et à ses quatre jeunes enfants d'endurer les terribles épreuves du désert de l'Utah tandis que son mari, Charles Augustus, cherchait de l'uranium.

Pendant deux longues et pénibles années, Charles et Minnie Lee Steen gardèrent leur sens de l'humour. Pour les enfants, ils faisaient un jeu de leurs difficultés – un jeu de « pionniers » auquel ils s'amusaient à plein. Avec le résultat que cette courageuse famille ne s'est jamais laissée atterrer par les difficultés, en ce début des années 1950 alors que l'uranium connut son essor.

En fin de compte, Charles Augustus Lee Steen triompha. Il trouva un gisement d'uranium qui produisit en trois ans du minerai d'une valeur de 70 millions de dollars avant de l'enrichir davantage. Charles et Minnie Lee Steen passèrent de la fosse de la pauvreté au sommet du monde.

Les progrès accomplis par la famille Lee Steen et des milliers de leurs semblables sont à votre portée. Avant tout, estimez-vous heureux de vos bienfaits et de vos atouts plutôt que de penser seulement à vos problèmes et vos tracas, et placez-les au premier plan de votre esprit. Si vous trouvez cela difficile, faites-en un inventaire écrit et relisez-le chaque fois que vous commencez à vous tourmenter. Rappelez-vous que la plupart de vos bienfaits sont des trésors cachés, des choses ou des qualités ordinaires de chaque jour, que vous tenez pour acquis. Votre santé par exemple, ou l'amour, l'admiration et la confiance que votre famille vous porte.

Apprenez à considérer vos problèmes comme un tremplin pour parvenir au succès. Chaque obstacle surmonté vous rapproche de votre but. Souvenez-vous que toute mauvaise situation pourrait être pire – comme l'homme qui maudissait sa malchance parce qu'il n'avait pas de chaussures, jusqu'à ce qu'il en rencontre un autre qui n'avait pas de pieds. Ne laissez jamais passer un seul jour sans une pensée de gratitude pour les dons dont vous jouissez, aussi petits soient-ils. Et faites un effort quotidien particulier pour consacrer une partie de votre temps et de votre énergie à aider vos semblables.

Rappelez-vous aussi qu'aucun problème n'est unique ou nouveau. Vous pouvez toujours demander aide et conseil à ceux qui l'ont déjà vécu. Et vous n'êtes jamais seul. Un pouvoir supérieur vous accompagne en tout temps. Donnez-vous comme principe d'attaquer de front vos problèmes avec un esprit d'audace, de courage et de décision. Comme l'a dit le pionnier du mouvement transcendantaliste américain Ralph Waldo Emerson : « Une aventure n'est rien de plus qu'un inconvénient que l'on a bien considéré. »

Semaine 14

Le sens du spectacle

Prenez le cas de Joe le raseur. Ce bourreau de travail est appliqué, loyal, ponctuel, sérieux et se débrouille bien. Il donne à sa société temps, efforts et énergie au-delà des attentes. Il semblerait que le succès frappe à la porte.

Mais il ne l'ouvrira pas. Joe ne va nulle part. D'autres, beaucoup moins dignes, obtiennent promotions et augmentations. Cependant Joe n'a pas le sens du spectacle. Il ne capte jamais l'attention des bonnes personnes.

Êtes-vous comme Joe ? Si oui, développez l'art de la mise en scène et vous verrez comme il est facile de gravir les échelons. Toutefois, avant de clamer « Eurêka, c'est ça ! Voilà la solution », songez à cet avertissement : il y a une nette différence entre un art sincère de la mise en scène et des moyens moins honnêtes d'attirer les réflecteurs. Ainsi, le léchage de bottes sème davantage de l'animosité qu'il n'entretient de l'amitié. Comme la vantardise. Le spectacle apprécié est créatif. Bien mis en scène, il divertit. Cela requiert synchronisme et ingéniosité.

Le flair spectaculaire de Bernarr Macfadden[1] sortait de l'ordinaire, surtout au début du XXe siècle. Mais Bernarr empocha des millions pour avoir parachuté par avion des sous-vêtements en flanelle rouge et pour être descendu sur Broadway pieds nus afin de créer une immense publicité pour toutes ses entreprises.

Vous n'avez pas besoin d'aller vers de tels extrêmes. Parfois, une attention particulière aux finesses de la courtoisie et de la politesse peut atteindre les mêmes buts.

Glenn R. Fouche, ancien président de la Stayform Company (Chicago), raconte l'histoire d'un ami qui a fait son chemin, jusqu'à devenir président d'une importante entreprise de grues et de tours de forage au Texas, en mettant à profit son art de la mise en scène.

Lorsque, jeune vendeur, il vendit sa première petite grue, il remercia par écrit le chef du service d'expédition d'avoir donné rapidement l'ordre de livraison. Il écrivit au service de peinture pour témoigner de sa fierté à voir la

1. Passionné de culture physique décédé à 87 ans (en 1955), il a établi un commerce combinant une bonne nutrition avec la musculation et des principes de santé, offrant même des programmes d'éducation axés sur l'entraînement et ouvrant les premiers restaurants végétariens, en plus de posséder des gratte-ciel et des hôtels à New York et dans la banlieue. Il a bâti un empire financier dans le milieu des communications, fondant les Macfadden Publications, en commençant par le périodique *Physical Culture* en 1899. Pionnier de la culture de la forme physique et d'une saine santé aux États-Unis, il a modifié l'orthographe de son nom de baptême (Bernard MacFadden) pour se distinguer. Obsédé par l'idée de demeurer jeune, il avait un sens aigu du spectacle et de la mise en scène, sautant en parachute dans une démonstration publique à l'âge de 84 ans.

finition d'un rouge éclatant au moment où la grue était déballée. Au fil des ans, il s'appliqua à féliciter chaque membre de la firme pour la qualité des services offerts.

Par ce soin qu'il prenait à reconnaître la valeur des autres, il devint petit à petit l'homme le plus apprécié de sa société !

Rappelez-vous qu'un art sincère de la mise en scène doit suivre un parcours positif. Il ne dénigre ou ne minimise jamais la valeur des autres personnes. Personne ne peut se hisser vers le succès en grimpant sur les épaules des autres. Aussi, si vous êtes comme le bon vieux Joe le raseur, un individu digne de confiance, vous êtes peut-être trop modeste, timide ou réservé pour présenter vos idées directement aux bonnes personnes. Si c'est le cas, écrivez des notes. Une idée par écrit vous assure que le mérite ira à qui de droit.

Mais n'attendez pas. Commencez dès maintenant à utiliser votre sens du spectacle comme un outil pour bâtir votre réussite !

Semaine 15

Choisissez votre but

Vous n'entreprendriez jamais un long périple en véhicule sans savoir où vous allez et sans GPS pour vous orienter.

Pourtant, seulement 2 % des gens savent précisément ce qu'ils attendent de la vie et ont bâti des plans réalisables à la recherche de leurs buts. Ce sont les leaders de tous les milieux : les grands gagnants, hommes ou femmes, que la vie couronne de succès sous des conditions qu'ils ont établies.

Fort étrangement, ils n'ont pas bénéficié de plus d'opportunités que ceux sous leur niveau.

Le succès point à l'horizon si vous savez ce que vous voulez, avec une attitude de confiance absolue de l'obtenir. Si vous n'êtes pas sûr de ce que vous voulez de la vie, à la minute même, décidez-en avec précision, dans la mesure espérée et au moment où cela vous conviendra

Voici une formule détaillée en quatre points pour atteindre vos buts :

1. Écrivez une déclaration claire et nette de ce que vous désirez le plus – la chose ou la situation susceptible à vos yeux de vous mener au succès.

2. Rédigez les grandes lignes du plan grâce auquel vous entendez atteindre cet objectif et établissez avec précision ce que vous vous proposez de donner en retour.

3. Fixez un délai précis à l'intérieur duquel vous avez l'intention d'acquérir l'objet de votre convoitise.

4. Mémorisez ce que vous avez écrit et répétez-le plusieurs fois par jour, comme une prière. Terminez cette prière en exprimant votre gratitude pour avoir reçu ce que votre plan appelle.

Suivez ces instructions attentivement et vous serez stupéfait de la rapidité avec laquelle votre vie entière s'améliorera. Cette formule vous mènera à une alliance avec un partenaire invisible qui enlèvera les obstacles de votre route et vous attirera les occasions favorables encore jamais rêvées. Gardez ce mode d'action pour vous-même, ainsi vous ne serez jamais troublé par les sceptiques qui pourraient ne pas comprendre la loi profonde que vous êtes en train de suivre.

Rappelez-vous, jamais rien n'« arrive simplement ». Quelqu'un doit provoquer les choses, y compris les succès individuels. Le succès dans toute vocation découle d'une action déterminée, planifiée avec soin et obstinément menée à bonne fin par la personne qui conditionne son esprit au succès et qui y croit.

Le machiniste Walter Percy Chrysler dépensa toutes ses économies pour acheter une voiture parce qu'il avait l'intention de se lancer dans la fabrication des automobiles. Aussi devait-il tout connaître à leur sujet. Il démonta son véhicule et le rassembla maintes fois au grand étonnement de ses amis, qui commençaient à penser qu'il était mentalement déséquilibré. Néanmoins, il se fixa vite un objectif et devint un des plus grands industriels renommés de son époque.

L'histoire du fondateur de Chrysler devrait vous donner de l'espoir, car elle indique que peu d'études et un manque de fonds de roulement ne doivent pas vous décourager de choisir tout but que vous caressez dans la vie.

Marie Curie révéla l'existence du radium au monde entier. Et le physicien Albert Einstein montra le chemin vers la fission du noyau atomique et la libération d'énergie résultante, une réaction nucléaire que croyaient impossible les scientifiques ne revendiquant pas un objectif aussi précis que le sien.

La clarté du but rend dépassé le mot *impossible*. C'est le point de départ de toute réussite. Tous peuvent en bénéficier, y compris vous – cela ne coûte rien, pas un sou. Vous avez seulement besoin d'initiative personnelle pour une cause à embrasser.

Si vous ne savez pas ce que vous voulez de la vie et si vous n'êtes pas déterminé à l'obtenir, vous serez obligé d'accepter les simples miettes laissées par ceux qui savent où ils vont et qui ont un plan pour y parvenir.

Pour un succès assuré, imprégnez complètement votre esprit de votre objectif. Pensez à ce que vous désirez et planifiez-le. Évitez de vous concentrer sur ce que vous ne voulez pas. Vous détenez ici la formule pratique appliquée par tout le monde qui réussit.

Semaine 16

Faites preuve d'initiative personnelle

Existe-t-il habitude humaine plus destructive que la procrastination : remettre à demain ce qu'on aurait pu accomplir la semaine passée ? L'initiative personnelle, seule médication à la procrastination. Les gens qui réussissent pensent et agissent avec initiative personnelle. Il existe deux formes d'action : l'engagement par choix, ou l'activité sous la contrainte.

Notre pays regorge de privilèges et de libertés personnelles à la portée du riche et du pauvre. C'est sans doute le facteur le plus important dans le système de libre entreprise.

Le privilège de l'initiative personnelle est tellement considéré que la Constitution des États-Unis l'a expressément garanti à chaque citoyen. Preuve de son immense valeur, toute entreprise bien gérée reconnaît les compétences et récompense convenablement les individus usant de leur esprit d'initiative pour le plus grand bien de la compagnie.

Quand Andrew Carnegie était un jeune opérateur de télégraphe à l'office du surintendant divisionnaire du Pennsylvania Railroad, à Pittsburgh, il se présenta au bureau un matin et découvrit qu'un accident déplorable s'était produit sur la voie ferrée, tout près de la ville. Il essaya désespérément, mais en vain, de joindre l'administrateur Thomas A. Scott par téléphone.

Finalement, en désespoir de cause, il commit un geste qui, il le savait, pouvait signifier son renvoi immédiat à cause des règles très strictes de la compagnie. Conscient de la fortune que coûtait chaque minute de retard aux chemins de fer, il télégraphia des instructions au chef de train, qu'il signa du nom du patron qui l'avait embauché, M. Scott.

Quand ce dernier revint à son office plusieurs heures plus tard, il trouva la lettre de démission d'Andrew Carnegie et l'explication du geste qu'il avait commis. La journée passa et rien n'arriva. Le jour suivant, la lettre de démission d'Andrew lui était retournée avec ces mots écrits à l'encre rouge en travers de la lettre : DÉMISSION REFUSÉE.

Plusieurs jours plus tard, le patron le fit venir dans son office et lui affirma ceci : « Jeune homme, il y a deux sortes de personnes qui n'avancent jamais ou n'arrivent jamais à rien. L'une ne fait pas ce qu'on lui dit, et l'autre ne fait rien de plus que ce qu'on lui dit. » Dans le cas qui nous occupe, le patron trouvait que son employé avait mieux réagi que la politique du chemin de fer. Il ne tarda pas à lui confier le rôle d'adjoint avec une rémunération de 35 dollars par mois[1].

---

1. Tout un salaire (en argent américain) au milieu du XIXe siècle. Thomas Alexander Scott (1823-1881) devint le mentor de Carnegie et il a été le 4e président de la compagnie de chemin de fer Pennsylvania Railroad, de 1874 à 1880. Quant à Carnegie (1835-1919),

Il y a une éternité de cela, George Stefek, de Chicago, était en convalescence dans un hôpital pour vétérans. Étendu dans son lit, il eut une idée, une idée si simple que n'importe qui aurait pu la concevoir. Mais plus important encore, il y donna suite dès sa sortie de l'hôpital. Ce fut d'ailleurs très rentable.

George trouva un usage additionnel aux morceaux de carton blanc, utilisés dans les teintureries pour donner plus de rigidité aux chemises blanchies : vendre de l'espace publicitaire sur ces cartons. Résultat : il put vendre les cartons aux teintureries 30 % moins cher et procurer un nouveau moyen de prospection aux annonceurs publicitaires. George Stefek fonda l'American Shirtboard Advertising Company, une entreprise prospère en son temps.

Clarence Saunders, de Memphis, Tennessee, vit une longue file de gens qui attendaient de se servir eux-mêmes dans un nouveau genre de restaurant en 1917, une cafétéria. Il mit son imagination au travail et décida d'adapter le principe du libre-service au marché de l'alimentation.

Quand il expliqua son idée à son employeur, un épicier local, celui-ci lui répondit qu'il le payait pour emballer et livrer la marchandise, pas pour gaspiller son temps en folles idées irréalistes. Clarence quitta son emploi et mit son plan à exécution en créant Piggly Wiggly, premier jalon d'une chaîne de supermarchés. Ce pionnier du magasin de vente au détail en libre-service fit des

---

cet industriel et philanthrope écossais naturalisé américain devint un magnat de l'acier.

millions à partir de cette idée qui allait donner naissance aux supermarchés modernes d'aujourd'hui.

En nous donnant le contrôle absolu sur notre pouvoir de penser, l'être suprême nous destinait sans doute à renforcer cette prérogative à coup d'initiative.

Le prétexte galvaudé par les procrastinateurs – « Je n'ai pas eu le temps » – a probablement causé plus d'échecs que toutes les autres excuses réunies. Les personnes qui vont de l'avant et se taillent une place enviable *trouvent toujours le temps,* selon leur propre initiative, dans toutes les directions utiles à leur progrès ou leur bienfait.

Semaine 17

Décrochez l'emploi que vous voulez

Le service rendu dans votre ouvrage quotidien est une ressource qu'il importe de rentabiliser le mieux possible. Veuillez noter que je n'ai pas écrit « au plus haut prix possible ». Le meilleur emploi n'est pas nécessairement le plus rémunérateur sur le coup. D'autres emplois offrent de meilleures chances d'avancement, plus d'occasions d'apprendre, d'accumuler de l'expérience et de préparer l'accession à des postes plus élevés.

Partez toujours à la chasse à l'emploi à long terme. Cherchez les occasions favorables au lieu de prioriser la subsistance quotidienne. Voici comment un homme partit à la chasse aux occasions favorables plutôt que d'attendre leur venue à sa porte :

Diplômé d'une école d'ingénieurs de l'Est, John Wesley Ashton père décida de marchander ses services avec l'habileté de l'homme d'affaires qui commercialise ses produits. Il décida d'abord de sa fonction et du salaire qui lui convenaient. Puis il inséra la publicité ci-dessous dans nombre de quotidiens :

« Monsieur le dirigeant dans le domaine de l'ingénierie, êtes-vous prêt à laisser un ingénieur diplômé vous démontrer sa valeur en travaillant un mois sans paie ? Je peux vous apporter loyauté, fiabilité, ponctualité et patience dans l'agrément, entretenir des relations harmonieuses avec les collègues, assurer un enthousiasme dynamique et une passion durable dans l'apprentissage, en même temps qu'un dossier universitaire d'ingénieur diplômé avec la plus haute louange. »

La petite annonce attira plus de 300 réponses ! Un cadre du producteur d'acier U.S. Steel écrivit : « Venez me rencontrer à notre siège social de New York mercredi prochain et, si vous êtes aussi bon que vous le dites, vous pouvez également apporter vos bagages et vous préparer à m'accompagner dans une de nos usines. »

L'approche de M. Ashton était tellement unique qu'elle devait inévitablement attirer l'attention. L'offre de travailler un mois sans salaire était un défi pour un cadre supérieur dans les affaires. Cela prouvait un intérêt supérieur pour ce qu'il avait à donner que l'usufruit de l'emploi. Et la liste de ses traits de caractère, au lieu de sembler de la vantardise, révélait au futur employeur ce qu'il espérait montrer de lui-même pendant le mois de travail gratuit.

À son entrevue avec le dirigeant des aciéries, Ashton remit une brochure dactylographiée reliée en cuir, préparée avec soin, racontant tout de lui-même – études, liens civiques et d'ordre caritatif, passe-temps, articles du journal du collège le mentionnant et données personnelles. Le portfolio incluait une photographie récente et une liste de références.

Il obtint l'emploi sans devoir travailler un mois sans salaire. Il fut convenu que son salaire serait fixé par accord mutuel à la fin du premier mois, après qu'il eut démontré ses capacités. Même que John Wesley Ashton accepta un emploi moins rémunéré qu'une offre concurrente, parce qu'il s'était rendu compte que le poste offrait des possibilités de promotion quasi illimitées.

Ce récit sur la façon de procéder du jeune ingénieur devrait stimuler votre ingéniosité quand vous recherchez un emploi, sans égard au domaine qui vous fascine. Usez de votre imagination. Demandez-vous : *Comment pourrais-je attirer l'attention d'un cadre débordé de travail ? Comment offrir une démonstration de la valeur de mes services ?*

Soyez certain de ne pas vous surestimer. Ne promettez pas ce que vous ne pourriez pas livrer. L'exagération ne saurait être au mieux qu'une fondation branlante sur laquelle on bâtit sa carrière. Laissez plutôt le patron être agréablement surpris lorsqu'il découvrira que vous lui donnez encore plus que ce que vous disiez pouvoir faire ; cela pourrait même vous faire gravir un échelon supplémentaire.

Semaine 18

Obtenez une promotion

Vous croyez donc vous enfoncer dans la routine. Vous n'avez pas eu d'augmentation ou de promotion depuis des lustres. Qu'y pouvez-vous ? D'abord, envisageons la chose du point de vue du patron.

La nature humaine, pour l'employeur comme son subalterne, est identique. Ce qui motive le simple travailleur stimule aussi les patrons. Ils veulent réussir, améliorer les affaires, hausser leur revenu personnel. Autrement, ils joueraient au golf au lieu de risquer leur capital et de dépenser leur énergie au bureau.

Votre employeuse vous accordera une promotion et une augmentation, si elle est payée en retour. Aidez-la à atteindre ses buts, elle est tenue de vous rendre la pareille. Sinon vous ne devriez pas travailler pour cette personne.

La voie la plus sûre vers le succès est de fournir plus de services, et meilleurs, que les attentes. Si vous vous contentez du quota journalier, vous limitez à ce qui est demandé et ne manifestez aucun intérêt pour le bien de l'entreprise – vous n'avez aucun droit d'espérer de l'avancement.

Peut-être est-il temps de secouer votre léthargie et de mener une campagne pour sortir de l'ornière. Adoptez d'abord le principe que la patronne ne va pas vous donner une promotion – c'est vous qui allez l'obtenir.

Commencez par saisir chaque occasion d'attester votre capacité d'occuper un poste plus élevé. Au lieu de manquer à votre responsabilité, quittez les sentiers battus pour vous en acquitter. Lorsque les autres vous font porter le chapeau, prenez les décisions qui s'imposent. *La marque la plus significative du leadership est l'empressement à prendre des décisions et à en accepter la responsabilité.*

Décidez de la tâche qui vous convient et travaillez en conséquence. Profitez des programmes de formation de votre entreprise ou suivez des cours pour adultes offerts par l'école ou l'université de votre ville. Ou dites à votre supérieure en toute franchise que vous voulez apprendre à remplir votre fonction et que vous apprécieriez son aide.

Par-dessus tout, gardez son point de vue à l'esprit. Rappelez-vous ceci : si la réussite couronne vos efforts, un jour vous accéderez probablement aux plus hautes fonctions. Accordez autant d'intérêt à votre entreprise que votre patronne. Essayez de voir l'usine, le bureau ou le magasin à travers ses yeux.

En adoptant cette attitude, vous conditionnerez votre esprit à la façon de voir d'un cadre. Vous penserez en fonction d'une production accrue, de coûts inférieurs, de ventes plus importantes et de meilleurs profits. Vous vous retrouverez débordant d'idées pour atteindre ces buts.

Laissez votre enthousiasme et votre imagination errer. N'ayez pas peur d'une idée nouvelle ou audacieuse. Et ne laissez pas les esprits négatifs vous décourager avec cet argument : « Cela n'a jamais été tenté avant. » Raison de plus pour l'essayer.

Commencez par votre ouvrage actuel. Comment l'accomplir plus vite, mieux, plus efficacement et de façon plus rentable ? Quelles opérations supprimer ou regrouper ? Quels changements donneront un produit supérieur à moindre coût ?

De nos jours, presque toutes les entreprises ont un système de suggestions afin de tirer avantage du pouvoir mental de leur personnel. Grâce à lui, vous pouvez présenter vos idées à votre patronne. À défaut d'un tel système, une simple note fera l'affaire.

Souvenez-vous que vos efforts pour obtenir votre promotion doivent être sincères. Personne ne sonne aussi faux qu'un lécheur de bottes ou un individu qui approuve toujours l'autorité. Vous pouvez vous tester sur ce point. Si vous tentez sincèrement d'aider l'entreprise, vous ressentirez une intense satisfaction personnelle, même sans la reconnaissance immédiate de votre supérieur.

Veillez à ce que vos idées soient positives. Vous ne pouvez lorgner le succès en renversant les autres. Si vos idées consistent à critiquer vos collègues et vous en plaindre, oubliez cela ! Vos idées doivent respecter l'optique de créer de nouveaux emplois et d'augmenter le revenu de chacun.

Rappelez-vous aussi qu'aucune idée sans plan d'action ne mérite qu'on la consigne. Si vous considérez qu'une idée vaut le coup, agissez en ce sens immédiatement. Testez-la vous-même si vous êtes en position de le faire ou proposez-la à la personne qui le peut. Mais ne la laissez pas mourir sans donner suite.

Sans action, une idée ne naît jamais. Et rien n'est plus tragique qu'une bonne idée mort-née.

Semaine 19

Comment un homme obtint de l'avancement

Carol Downes laissa tomber son emploi de caissier à la banque et accepta d'œuvrer pour William Crapo Durant, le fondateur d'un constructeur automobile appelé à devenir, en 1908, l'empire industriel General Motors (avant qu'il ne fonde Chevrolet en 1911). Après six mois à sa solde, l'ancien caissier jugea le temps venu de tester ses chances de promotion. Il se rendit donc chez M. Durant, auquel il remit un questionnaire pour s'aider à améliorer ses services à l'entreprise, s'enquérant de ses pires défauts et ses meilleures qualités au travail. La question finale était : « Quel poste plus élevé que le mien suis-je apte à occuper ? »

Son incroyable culot amusa l'entrepreneur. Il lui rendit le sondage avec une réponse à la dernière question uniquement : « Vous êtes, par la présente, nommé pour diriger l'installation des machines et de l'équipement dans notre nouvelle usine de montage, sans promesse de promotion ni d'augmentation de salaire. »

Il lui donna aussi une série de plans directeurs, montrant où installer les machines, et lui dit : « Voici les directives à suivre. Maintenant, montrez-nous ce dont vous êtes capable. »

Downes prit les plans détaillés et découvrit vite qu'il ne pourrait même pas les lire, sans une formation d'ingénieur. C'est là qu'il prouva ses qualités de leadership. Au lieu d'admettre qu'il avait visé trop haut, il se mit à la recherche de l'homme capable de faire le travail et le trouva. C'est l'essence même du leadership.

Il engagea un cabinet d'ingénieurs pour surveiller l'installation des machines sous sa direction et paya les honoraires de sa poche. Alors qu'il marchait vers l'office de son patron pour lui annoncer que le travail était terminé – avec une semaine d'avance sur le calendrier –, il passa devant les bureaux de la direction. L'un d'eux lui donna un véritable choc ; il y était écrit CAROL DOWNES, DIRECTEUR GÉNÉRAL.

W. C. Durant lui annonça qu'il venait d'être promu à ce poste avec assez de zéros à son salaire pour que cela en vaille la peine.

« Quand je vous ai donné ces plans, je savais que vous ne pouviez pas les lire. Mais je voulais voir comment vous pourriez composer avec la situation. Votre ingéniosité à dénicher quelqu'un pour faire le travail indique que vous avez l'étoffe d'un bon dirigeant. Si vous étiez revenu avec une excuse à la place du travail achevé, je vous aurais congédié. »

Carol Downes devint multimillionnaire. Quand je l'ai rencontré par la suite, il était à la « retraite », mais en fait, il servait de conseiller à la Southern Governors' Association – en faisant toujours un peu plus et éprouvant beaucoup de plaisir de la sorte.

Semaine 20

Donnez un coup de main

Quiconque se rend au sommet reçoit en chemin des coups de pouce substantiels. La simple loi de la loyauté demande de rendre la pareille.

J'atteignis le moment décisif de ma carrière quand Andrew Carnegie me conseilla de commencer à organiser la Science du succès selon une philosophie précise de connaissances en plus de m'allouer son aide active et son soutien. J'espère, en transmettant le savoir recueilli dans ma vie de recherche, rembourser la dette contractée il y a tant de décennies, quand Andrew Carnegie m'a accordé son appui[1].

Un des moyens les plus sûrs d'obtenir du succès dans la vie est d'aider les autres à atteindre le leur. Et n'importe qui peut aider les moins chanceux. Le vrai riche peut se permettre de donner un peu de lui-même, de son temps et de son énergie. De la sorte, il s'enrichit démesurément.

---

1. En a résulté l'ouvrage *La Science du succès : Le programme éprouvé de Napoleon Hill visant la prospérité et le bonheur*, autorisé par la fondation Napoleon Hill, publié en avril 2015.

L'une des plus riches expériences dont vous pourriez un jour bénéficier est de désigner quelqu'un au sommet du succès et d'affirmer : « Je l'ai aidé à arriver là. »

Vos efforts dans l'intérêt d'un moins chanceux non seulement l'aideront, mais enrichiront votre âme d'une valeur des plus précieuses – qu'il apprécie ou non votre aide, vous en soit reconnaissant ou pas.

C'est étrange que la nature humaine nous dicte de rechercher la lutte, dans notre propre intérêt ou celui d'autrui. Je me souviens de m'être débattu farouchement, dans ma jeunesse, pour arriver à rembourser mes dettes. Toutes mes obligations étaient remplies. J'étais satisfait, ou je le pensais. Mais alors que les mois passaient, le malaise s'installa. Je mis un certain temps à me rendre compte de ce qui clochait. Le plaisir de lutter me manquait.

Je ne devais pas pour autant renoncer à ma propre fortune et repartir à zéro. Je trouvais que je pouvais éprouver le même plaisir en aidant les autres à mener leurs batailles, en assumant quelques-unes de leurs responsabilités, en leur facilitant le chemin vers le succès.

Songez à quel point le monde serait transformé si chacun décidait d'en aider un autre tout au long de sa vie. En retour, chacun de nous pourrait recevoir de l'aide.

Aider les autres donne un bon sens des affaires. John Wanamaker (1868-1922), le roi des grossistes de Philadelphie à la fin du XIXe siècle, dit un jour que l'habitude la plus fructueuse est de « rendre un service utile là où il n'est pas attendu ».

Voici quelques exemples réalistes de moyens d'aider les autres :

Un commerçant d'une ville de l'Est américain a bâti une affaire prospère grâce à un procédé très simple. Ses commis surveillaient fréquemment les compteurs de stationnement payant près du magasin. Partout où un vendeur apercevait un signe « expiré », il glissait une pièce dans la fente et joignait une note sur le plaisir du commerçant d'avoir évité le désagrément d'une contravention au propriétaire du véhicule. Plusieurs automobilistes allaient remercier le commerçant et restaient pour acheter.

Le propriétaire d'un important magasin pour hommes de Boston introduisait une carte imprimée avec soin dans la poche de chaque complet qu'il vendait. Il y était écrit que si le complet satisfaisait l'acheteur, ce dernier pouvait rapporter la carte après six mois et l'échanger contre une cravate. Naturellement, le consommateur revenait toujours satisfait du complet et c'était un bon client pour une vente de plus.

Enfin Butler Stork donna tant de lui-même lorsqu'il était prisonnier au pénitencier d'État de l'Ohio qu'il fut libéré et évita une peine de vingt ans. Stork créa une école par correspondance qui donnait une variété de cours à plus de 1 000 détenus, sans que les détenus ou l'État aient à débourser. Il persuada même l'International Correspondence School (ICS) de donner des manuels scolaires. Le projet avait tellement attiré l'attention qu'on récompensa le bagnard en lui accordant sa liberté.

Mettez votre esprit au travail. Évaluez votre capacité et votre énergie. Qui a besoin de votre aide ? Comment pouvez-vous l'épauler ? Cela ne nécessite pas d'argent. Juste de l'ingéniosité et un fort désir de rendre un service sincère.

Aider les autres à résoudre leurs problèmes vous aidera à régler les vôtres.

Semaine 21

Vivez en harmonie avec les autres

Quiconque aspire au succès doit reconnaître les causes d'un échec. Sinon comment pourrions-nous éviter les pièges ? Dans mon étude des relations humaines, j'ai trouvé au moins 30 causes majeures d'échec. Leur point commun ? Le *manque de capacité à s'entendre harmonieusement avec autrui.*

Un grand homme d'affaires – parmi les plus riches de son temps – me confia un jour qu'il avait un bâton de mesure en cinq points pour désigner les personnes sélectionnées pour leur promotion à de hauts postes de direction :

1. La faculté de s'entendre avec autrui ;
2. La loyauté à l'égard de ceux qui la méritent ;
3. La fiabilité en toute circonstance ;
4. La patience dans toute situation ;
5. L'aptitude à bien accomplir un travail donné.

Il est à remarquer que l'aptitude au travail vient en dernier. Car plus une personne possède les aptitudes pour une tâche, plus elle sera désagréable si les quatre autres qualités lui font défaut.

✦✦✦

Charles M. Schwab fut promu par Andrew Carnegie d'un travail de journalier à un emploi au salaire annuel de 75 000 $, ce qui était une fortune à l'époque. Mais M. Schwab, promu à 35 ans à la présidence de la Carnegie Steel Company, obtint en plus une prime annuelle d'un million de dollars – dès 1897 ! Le grand Carnegie précisa que le salaire était pour le service réel fourni par son président. La prime le récompensait parce qu'il inspirait les autres[1].

Votre capacité à encourager les autres est un chèque en blanc dans la banque de la vie et vous pouvez l'émettre selon vos désirs. Il existe des moyens d'acquérir cette aptitude. Voici quelques règles à respecter :

- Sortez de votre chemin pour dire un mot gentil ou rendre un service aussi utile qu'inattendu.
- Modifiez votre voix pour communiquer une sensation de chaleur et d'amitié à ceux à qui vous vous adressez.
- Orientez votre conversation sur des sujets du plus grand intérêt pour vos auditeurs. Parlez « avec »

1. *Encyclopaedia Britannica* rapporte que par son extraordinaire habileté à s'insinuer dans les bonnes grâces des gens, il facilitait l'harmonie dans les relations de travail. D'éducation modeste, il était devenu aide-gérant d'Edgar Thomson Steel Works, propriété de M. Carnegie, en 1881 dès l'âge de 19 ans.

eux plutôt qu'« à » eux. Considérez les personnes avec qui vous êtes en train de parler comme les plus intéressantes du monde, au moins sur le coup.

- Adoucissez fréquemment votre expression par un sourire lorsque vous parlez.
- Ne lancez jamais de mots injurieux ou d'obscénités, peu importent les circonstances.
- Évitez de parler de religion ou de politique.
- Ne demandez jamais de faveur à quelqu'un que vous n'avez jamais aidé.
- Écoutez attentivement. Incitez les autres à parler librement.
- Souvenez-vous qu'un gramme d'optimisme vaut plus qu'une tonne de pessimisme.
- Terminez chaque journée sur cette méditation : « Je ne demande pas plus de bénédictions, mais plus de sagesse, pour faire un meilleur usage de mes bénédictions. Et donne-moi, s'il te plaît, plus de compréhension afin de pouvoir occuper plus de place dans le cœur de mes semblables, en leur rendant demain plus de services que je ne l'ai fait aujourd'hui. »

Semaine 22

Laissez-vous aider sur la voie du succès

Le succès viendra plus tôt et plus sûrement par le juste usage de l'enseignement, de l'expérience, des compétences et de l'influence d'autrui.

Le capitaine Edward Vernon Rickenbacker voyait comme son plus grand atout son aptitude à obtenir des autres la permission d'utiliser leur cerveau dans un esprit de coopération amicale.

« Si j'échange mon dollar contre le vôtre, ni vous ni moi ne nous enrichissons. Mais si j'échange une de mes idées contre une des vôtres, alors tous deux nous doublons notre fortune. Et le travail d'équipe est le moyen de multiplier à l'infini notre pouvoir spirituel. »

Rappelez-vous qu'au moins deux personnes, travaillant en coopération très étroite et se complétant en soutenant leurs aptitudes mutuelles, peuvent toujours accomplir davantage qu'une seule personne. Les plus grandes réussites du système de libre entreprise proviennent de groupes plutôt que d'individus. Mais en recherchant l'appui des autres, vous devez vous préparer à un échange égal. Vous ne pouvez arriver les mains vides.

La grandeur de Thomas Edison, en tant qu'inventeur, découlait de son génie à organiser des équipes en vue d'un objectif commun ; chacun de ses collaborateurs possédait beaucoup plus de connaissances dans sa propre spécialité que lui-même.

L'ingénieur mécanicien Lloyd Weeks, de Salem (Illinois), a conçu une idée unique pour construire des réservoirs d'huile. Mais il fallait de l'argent pour développer son idée. Un voisin, dentiste prospère, n'avait pas son savoir-faire en génie, mais il avait accumulé des économies en exerçant sa profession. Chacun apporta ses ressources dans un partenariat qui, mois après mois, rapporta net à chacun d'eux des milliers de dollars.

Il est absolument indispensable que tous les membres d'une alliance en partagent les bénéfices. Sinon l'équipe tombera vite à l'eau.

Un soir, Henry Ford en train de traverser son usine s'arrêta pour parler à un balayeur de planchers.

« Vous aimez votre travail ? lui demanda-t-il.

— Ouais, mais je l'aimerais plus si vous vendiez cette limaille de fer au lieu de la gaspiller, et que vous me donniez une partie de l'argent. »

Henry Ford mit l'idée à exécution le lendemain. Cela fit gagner à l'entreprise une somme importante et valut au concierge une promotion.

De quoi avez-vous besoin pour atteindre le succès ? Qui l'a ? Que pouvez-vous offrir en retour ? Peut-être est-ce exactement ce qu'un autre est en train de chercher.

S'il en est ainsi, vous pouvez mettre en commun vos ressources et rendre beaucoup plus facile la lutte pour le succès. Comme le dit le vieux dicton : *Aucun d'entre nous n'est plus intelligent que nous tous ensemble.*

Semaine 23

Acceptez qu'on vous aide

Des pensées claires ne viennent jamais d'un esprit inquiet. Les gens intelligents le savent. Aussi recherchent-ils l'aide des types dont le cerveau est exempt de craintes et de soucis.

Au tout début de la Grande Dépression[1], John Collier vint à mon bureau m'exposer un problème qui l'avait inquiété au point de le rendre malade. Il avait la réponse à son problème, mais son état d'esprit ne lui permettait pas de le reconnaître.

M. Collier était un manufacturier de chaussures de Boston. La crise en était à ses débuts lorsque la banque, détenant certains de ses titres obligataires, mit fin à ses activités, et saisit son équipement. Alors impossible d'obtenir un autre prêt sans garantie constituée sur un bien.

Quelques questions simples révélèrent les faits qui suivent : il avait plus de vingt années florissantes d'expérience en qualité de fabricant de chaussures ; il disposait

1. Crise économique des années 1930.

d'un bon nombre d'acheteurs établis dont il était le fournisseur depuis le démarrage de son entreprise ; il était diacre d'une des plus importantes Églises de Boston ; il menait une vie familiale heureuse. Comme je faisais la somme de son actif, je dis à ce M. Collier qu'il était riche en valeurs de vie, et c'était ce qui comptait le plus. Il me répliqua ceci :

« Oui, je sais, mais je suis fauché !

— Un homme qui possède ce genre d'atouts n'est jamais sans ressources, parce que c'est la meilleure sécurité possible.

— Mais les banquiers ne pensent pas ainsi.

— C'est un fait. Mais il y a d'autres façons de trouver des gens qui pensent ainsi, lui expliquai-je. Maintenant, voici ce que je vous suggère : convoquez une assemblée de 10 des hommes les plus importants que vous connaissiez, des hommes qui disposent de moyens financiers substantiels, et de 10 des commerçants qui ont acheté des chaussures chez vous. Demandez-leur de vous prêter l'argent nécessaire pour relancer votre commerce. »

À peine avais-je fini de parler que les yeux de M. Collier perdaient leur regard vitreux et craintif. Il esquissa un sourire, sortit un carnet de sa poche et commença à écrire. Sitôt terminé, il me tendit son carnet. Il contenait le nom de cinq hommes seulement, d'anciens clients.

« Voici les noms des cinq hommes qui viendront à ma rescousse. Ils m'ont acheté des chaussures pendant de nombreuses années, ils connaissent mon produit et me font confiance comme à ma marchandise. J'obtiendrai d'eux l'aide financière dont j'ai besoin en leur allouant une réduction supplémentaire sur toutes les chaussures qu'ils m'achèteront désormais. »

J'expliquai alors à M. Collier qu'il avait adopté le même plan que celui qui avait si bien servi Henry Ford pendant les premiers jours de la Ford Motor Company. Il obtint le capital d'exploitation requis, déclarai-je, des hommes qui achetaient ses voitures : ses concessionnaires.

« Tout est à présent très clair pour moi », confirma M. Collier. « Mais ce qui me déconcerte, c'est de n'avoir pas pensé à cela avant de venir vous voir. » La même question a tracassé beaucoup d'autres personnes qui avaient les réponses à leurs propres problèmes, mais qui avaient besoin de quelqu'un d'autre pour les leur révéler.

M. Collier retourna à Boston. Sept mois plus tard, je recevais une lettre où il m'expliquait ce qui était advenu de son plan. Avec la lettre, il y avait une jolie montre de poche avec l'inscription : « À Napoleon Hill, qui m'a présenté à mon autre moi-même. »

L'inscription résumait toute l'histoire. Je m'étais contenté de relâcher l'étreinte de la peur qui avait obligé M. Collier à s'imposer des limitations inutiles à une période éprouvante.

La plus belle leçon à retenir de tout cela réside dans la découverte de cette vérité : notre plus grand atout est notre capacité à nous procurer l'aide de ceux qui peuvent et veulent avec joie nous donner des conseils lorsqu'on est à court de ressources personnelles.

Semaine 24

Travaillez avec votre équipe

La coopération est indispensable dans votre foyer, la vie sociale et votre travail. C'est une nécessité absolue étant donné notre forme démocratique de gouvernement et le régime de libre entreprise.

Il existe deux sortes de coopération : une motivée par la peur ou le besoin, l'autre fondée sur la bonne volonté. On ne parvient au véritable travail d'équipe qu'en établissant les vrais motifs qui mènent à une coordination amicale des efforts.

Dans les décennies qui ont suivi l'ascendant d'Andrew Carnegie sur l'industrie américaine, personne n'a su améliorer sa formule pour vitaliser le travail en équipe. Son système était simple. Il créait une motivation financière au moyen de promotions et de primes conçues pour que la part du travail individuel dépende du type de service fourni. Il ne réprimandait jamais un employé ouvertement, mais il l'amenait à s'autocritiquer en lui posant avec soin des questions directes. Enfin, il ne se prononçait jamais sur le parti que ses cadres devaient adopter.

Il les encourageait plutôt à prendre leur décision et à en assumer les conséquences.

La méthode d'Andrew Carnegie stimulait l'accomplissement individuel dans une structure d'équipe parce qu'il estimait que les plus grands succès s'atteignent uniquement par le travail en équipe. Cela signifie autant *donner* la collaboration que la *recevoir*. Les leaders égoïstes recevront peu de coopération de la part de leurs subordonnés parce que la coopération est comme l'amour, il faut donner pour recevoir.

Le capitaine « Eddie » Rickenbacker privilégia le travail d'équipe dans son service de l'armée de l'air au cours des deux guerres mondiales. Durant la Première Guerre mondiale, il abattit lui-même 26 avions ennemis. Et pendant la Seconde Guerre mondiale, son exemple personnel motiva un groupe d'aviateurs à former une équipe ; cela leur permit de se tirer indemnes de la terrible épreuve d'avoir à dériver sur un radeau en plein océan Pacifique pendant près d'un mois. Sa marque de commerce, l'équipe avant tout, servit de fondement à Pitcairn Aviation, qu'il fonda le 19 avril 1926 avec Harold Frederick Pitcairn et qui devint Eastern Air Transport, puis enfin Eastern Air Lines, compagnie aérienne américaine qui cessa d'exister en 1991.

Le philosophe William James a dit un jour : « Si vous pouvez inciter les autres à coopérer avec vous dans un esprit amical, vous pourrez obtenir tout ce que vous voulez sans opposition ou presque. » Une déclaration pour le moins audacieuse, mais qui était juste.

Quand vous évoluez au cœur de toute grande entreprise prospère, vous découvrez que chacune de ses pulsations émane du travail en équipe, inspiré du haut vers le bas. Au sein de toute équipe sportive gagnante, le mérite ne revient pas à une personne, à moins bien sûr que ce ne soit l'entraîneur qui motive ses joueurs à subordonner leur gloire personnelle au succès de leur formation. Knute Rockne, entraîneur des Fighting Irish de l'université Notre Dame au football américain entre 1918 et 1930, devint une légende vivante pour sa merveilleuse capacité à susciter le travail en équipe.

Toute interprétation satisfaisante des motifs qui incitent au travail amical en équipe doit attirer l'attention sur le Sermon sur la Montagne (de Jésus à ses disciples). Il n'y a pas de meilleure façon d'obtenir la coopération amicale qu'en appliquant la parole évangélique.

La loi de l'alternance a également un aspect négatif : la loi du talion. Elles sont toutes deux profondément ancrées dans la nature humaine. Grâce à elles, le sens du passage biblique : « On récolte ce que l'on sème » devient clair comme du cristal. Car il est vrai que quoi que vous fassiez à un autre ou pour un autre, vous le faites à vous-même et pour vous-même.

Travaillez bien avec votre équipe et votre équipe vous conduira au succès.

Semaine 25

L'humilité

Plusieurs voient l'humilité comme une vertu négative. Mais elle ne l'est pas. Il s'agit même d'une des principales composantes d'une personnalité agréable. En fait, une vertu puissamment positive. Une force à utiliser pour votre propre bien. Tous les plus grands progrès – spirituels, culturels ou matériels – de l'humanité sont fondés sur l'humilité.

C'est l'élément indispensable, de premier choix, de la morale ou philosophie judéo-chrétienne. Le Mahatma Gandhi libéra l'Inde grâce à elle, et le Dr Albert Schweitzer la mit à profit lorsqu'il aida à créer un monde meilleur pour les Africains.

L'humilité est essentielle au type de personnalité aspirant à la réussite, indépendamment de l'objectif visé. Et elle devient indispensable après avoir atteint le sommet. Sans humilité, vous n'acquerrez jamais la sagesse, car une des caractéristiques primordiales d'une personne sage est son aptitude à admettre ses torts.

Sans humilité, impossible de trouver le « germe d'un avantage équivalent » dans l'adversité et dans la défaite.

Chaque revers comporte sa contrepartie qui vous aide à le surmonter – voire à vous élever au-dessus. Par exemple, R. G. LeTourneau (1888-1969) débuta en affaires comme garagiste, échoua et devint entrepreneur. Il était sous-traitant dans le projet d'autoroute (initialement appelée Boulder Highway) à Hoover Dam (Nevada) lorsqu'il tomba sur une strate imprévue de roche dure. Les difficultés et les retards occasionnés pour l'enlèvement de la roche tenace le ruinèrent.

Robert Gilmour LeTourneau ne blâma pas les autres et ne se plaignit pas d'être malmené par le destin, pas plus qu'il n'accusa les forces de la nature pour ses pertes. Il en accepta la responsabilité. Après chaque recul, il trouvait du réconfort dans la prière. Pendant qu'il priait pour des conseils, il trouva le « germe d'un avantage équivalent » dans son dernier échec. Il décida de se lancer dans la production de machines qui pourraient déplacer n'importe quelle sorte de roche ou de terre.

Résultat : les engins de terrassement LeTourneau ont été utilisés partout sur la planète, notamment pour intervenir lors de tremblements de terre. R. G. LeTourneau possédait plusieurs usines de fabrication et il a amassé une fortune personnelle évaluée à plusieurs millions de dollars. Mais l'histoire de son humilité ne s'arrête pas là. Afin d'exprimer sa reconnaissance pour l'aide reçue, cela lui permit de convertir sa défaite en victoire, il prit l'habitude de verser la majeure partie de ses revenus aux œuvres de charité et il consacra une grande part de son emploi du temps personnel à la prédication en tant que laïc.

Parfois, l'humilité transforme l'échec en une bénédiction spirituelle. Il y a plusieurs années, j'ai rendu visite à

Lee Braxton, homme d'affaires et ancien maire de Whiteville, en Caroline du Nord, le jour même où il découvrait qu'il avait subi une lourde perte financière à cause de la négligence d'un associé en qui il avait confiance depuis des années.

« Combien d'affaires prospères avez-vous mises sur pied et administrées ? » lui ai-je demandé.

— Une quinzaine en tout, incluant la First National Bank de Whiteville. Et je n'ai jamais perdu un sou dans aucune. C'est pourquoi cela me blesse tant. C'est un coup très dur pour mon orgueil.

— C'est bon. Vous êtes sur le point d'apprendre que vous avez autant de force en temps d'échec qu'en temps de succès. Votre perte a été une grande bénédiction si elle vous a doté de l'humilité du cœur et de la reconnaissance pour les richesses que vous possédez encore. Avec cela, vous pourrez avoir encore plus de succès que jamais », lui ai-je dit.

Un large sourire éclaira son visage. « C'est vrai. Je n'y avais pas pensé de cette façon », a-t-il admis.

Quelques mois plus tard, je recevais une lettre de Lee Braxton. Il disait que son revenu avait grimpé à un niveau sans précédent, plus que ce qu'il fallait pour compenser les pertes qu'il avait subies. L'humilité est une force positive qui ne connaît pas de limitations.

Semaine 26

Apprenez à vous vendre

Vos paroles et votre présentation sont d'une extrême importance. Les autres nous jugent à notre façon de parler, notre vocabulaire et notre façon de livrer nos idées et nos pensées. Mais notre apparence fait souvent autant, sinon plus d'impression sur les autres et sur nous-mêmes que nos paroles. La perception qu'entretiennent les autres et notre propre vision de nous sont très importantes si nous aspirons à un certain degré de succès.

L'un des représentants de commerce les plus prospères en Amérique fait ses tournées avec un ensemble de bâtons de golf dispendieux dans le coffre de sa voiture. Il n'a jamais frappé une balle, mais quelle efficacité lorsqu'il utilise ses bâtons pour triompher des obstacles qui se dressent sur son parcours au moment de conclure une vente !

Sans jamais en avoir parlé, il donne l'impression d'avoir tellement de succès qu'il peut consacrer un temps considérable au golf. Quand on l'invite à jouer une partie, il prétexte un rendez-vous avec les « VanderMorgan » ou les « Rockerbilt », mais il prend bien garde de ne pas se faire coincer pour une partie. Car alors il serait fichu.

Imposture ? Tromperie ? Représentation erronée ? Non ! Il est le professionnel de la vente qui réussit le mieux dans son domaine. Pour vendre avec succès, il doit gonfler son ego, ce qui ne fait de mal à personne. Et il vend !

Pour ma part, je n'ai jamais ressenti l'intense nécessité d'enfler mon ego avec de la frime, ni vous sans doute. Mais si j'étais guidé par une telle ambition, j'aurais recours à tous les extrêmes requis pour faire cela proprement. J'irais peut-être même plus loin que ce représentant commercial.

J'ai découvert, en négociant avec des milliers d'hommes et de femmes dans tous les chemins imaginables de la vie, que l'ego d'une personne est très délicat et qu'on doit l'influencer de façons diverses et détournées, selon la nature de la personne et ses expériences préalables.

Je serais le dernier au monde à recommander un complot ou schème de duperie pour causer du tort à autrui ou exploiter quiconque d'une façon ou d'une autre. Toutefois, je serais l'un des premiers à aider certaines personnes dans leur plan de tromper leur ego afin de les débarrasser de leurs complexes de peur et de pauvreté, complexes qui entravent tant de gens.

L'un de mes étudiants, un courtier d'assurance vie, porte une bague sertie d'un diamant de huit carats, sa baguette magique lorsqu'il discute avec ses acheteurs éventuels. Cet homme est l'un des meilleurs vendeurs d'une compagnie mutuelle d'assurance sur la vie.

Il y a quelque temps, il a apporté son diamant à un joaillier pour qu'il l'installe dans une nouvelle monture. Le travail demandait quelques jours. Au cours de cette période, le vendeur travailla plus fort que d'habitude, mais il ne réussit pas une seule vente. Il relate que quand il commençait à parler à un prospect, il baissait les yeux vers son doigt sans bague, et une part de lui semblait dire : « Il ne va pas acheter, il ne va pas acheter. »

La petite voix prouva qu'elle avait raison : aucune vente ne fut conclue. Le premier jour où il a travaillé après avoir récupéré sa bague, l'agent a récolté six demandes d'assurance en six entrevues !

En ce qui me concerne, si j'étais surpris en public avec au doigt un diamant de huit carats, je me sentirais si gêné que je soupçonnerais mon ego de vouloir me faire faux bond au lieu de me soutenir pour une plus grande action. Mais je le recommande à toute personne qui, comme mon ami dans les assurances, obtient une stimulation mentale par un amplificateur artificiel de l'ego.

Une des méthodes les plus efficaces pour « survolter » votre ego – et Dieu sait qu'on a parfois besoin de le renforcer – est de sélectionner une certaine personne comme un « meneur », dont vous aimeriez égaler ou surpasser les réalisations. Utilisez-la comme un point de référence sur lequel mesurer vos propres performances.

Votre conjoint peut devenir un puissant stimulant pour votre ego, si vous vivez une relation harmonieuse avec des points de vue exclusifs. Le pouvoir d'une telle union crée une force qui vous propulsera vers le succès à une vitesse bien plus grande que vous ne sauriez l'imaginer.

Vos proches collègues peuvent donner un sérieux « coup de main » à votre ego si vous vous associez avec le bon genre de personnes. Assurez-vous que votre entourage vous encourage et vous entraîne vers le haut plutôt que de vous déprimer et de vous attirer vers le bas.

Votre ego a besoin de stimulation occasionnelle. Employez n'importe quelle astuce qui fonctionne pour vous motiver. Si vous avez besoin d'une babiole pour renforcer votre estime de soi, achetez-la. Aussi longtemps que votre moyen de circonstance ne blesse personne et vous aide, c'est approprié. Si vous êtes content de vous-même, tout le monde le verra en vous rencontrant. Et rappelez-vous, la prochaine personne que vous rencontrerez pourrait se révéler celle qui vous donnera un énorme coup de main dans votre ascension vers le succès.

Semaine 27

Réveillez-vous et découvrez votre moi positif

Des ingénieurs de l'armée travaillaient fébrilement sur un pont à achever en Alaska. La rivière était complètement gelée et les ingénieurs se servaient de la glace pour soutenir les contreforts centraux. Pour prévenir un désastre, il fallait mettre en place les poutres centrales avant la fonte des glaces.

Les poutres en acier proviendraient d'une usine de Pennsylvanie, d'où le transport sur une longue distance jusqu'au chantier. Comble de malheur, le mauvais temps avait retardé la livraison et les ingénieurs disposaient de quelques jours à peine pour terminer leur travail. Enfin, les poutres arrivèrent. On les hissa à leur emplacement et mit en place, pour découvrir à ce moment qu'elles étaient trop courtes de quelques centimètres.

Le temps plus chaud se pointait et l'aciérie se trouvait à des milliers de kilomètres de distance. Une situation impossible ? Pas pour un penseur positif doté d'un sens du leadership.

Un ingénieur de l'armée, doté de ces qualités, téléphona sans tarder à l'aciérie et mit en branle la fabrication de poutres d'une longueur appropriée. Un employé de l'usine possédait aussi ces qualités de leadership qui atténuent la lourdeur du mot *impossible*. On produisit les poutres en un temps record et les expédia d'urgence en Alaska, sous la direction de deux expéditeurs qui les firent voyager sans arrêt, jour et nuit, avec ordre de priorité absolue.

Puis, on déchargea ces poutres en Alaska, les hissa sur le pont et les lâcha à leur place exactement trois minutes avant que la glace ne cède sous les butées provisoires. L'opération était supervisée non seulement par des individus à l'esprit résolu, mais aussi par un partenaire silencieux qui vient toujours en aide aux individus qui savent précisément ce qu'ils désirent et qui sont déterminés à ne se contenter de rien de moins.

Il existe un pouvoir à la disposition des gens qui ont un dessein précis. Ce pouvoir leur accorde une aide automatique, conformément aux lois inexorables qui donnent ordre et précision aux objectifs de l'univers, dont notre petit monde n'est qu'une partie infinitésimale.

Dans le même ordre d'idées, la grandeur d'Abraham Lincoln atteignit son zénith quand il dut composer avec des problèmes qui auraient éclipsé l'âme d'hommes de moindre stature. Les échecs, les défaites et les épreuves des premières années de sa vie se transmuèrent en un degré d'intelligence que l'homme moyen ne connaît jamais. Le président Lincoln possédait la rare capacité de faire éclater sa force de caractère, au lieu d'abandonner, dans des conditions difficiles où le succès n'était pas en vue.

C'est ce genre de caractère qui forge réellement de grands hommes et de grandes femmes. N'importe qui peut abandonner ou changer d'idée en dirigeant son attention ailleurs quand l'échec s'abat sur lui ; c'est précisément ce que font la plupart des gens en cas d'adversité. Peut-être cela explique-t-il la multitude d'échecs et le peu de succès qui surviennent dans la vie.

Vous ne voyez pas votre moi réel quand vous vous regardez dans un miroir. Vous voyez uniquement la maison dans laquelle vit votre moi réel.

Si vous aspirez aux plus hauts niveaux de succès, vous devriez apprendre à mieux connaître ce grand et puissant *moi positif* qui vous habite. Il peut créer toutes les joies que vous désirez, toutes les richesses matérielles nécessaires à votre tranquillité d'esprit et à votre bonheur, et il peut maintenir votre corps physique en bonne santé.

Cette entité invisible qui réside dans votre corps peut exécuter dans les moindres détails les directives que vous lui donnez, mais vous devez prendre l'initiative et lui faire savoir ce que vous désirez de la vie. Vous avez toute liberté d'action aux yeux de votre moi positif et vous possédez le privilège de pouvoir le guider vers l'accomplissement de votre propre choix.

Au fil des générations, peu de « génies » naissent et font l'impossible, mais chaque fois que vous en découvrirez un, vous trouverez quelqu'un qui a pris contact avec son moi positif et qui l'a dirigé vers un but précis dans un esprit de parfaite confiance.

J'ai eu le privilège de connaître intimement et de travailler avec des centaines d'hommes et de femmes parmi ceux qui ont eu le plus de succès aux États-Unis durant un bon demi-siècle. Tous et toutes ont atteint le succès grâce aux pouvoirs de leur moi positif.

Prenez possession de votre moi positif et il vous installera sur le pilier du succès que vous chevaucherez triomphalement, à l'assaut des plus hautes réalisations à la mesure de vos ambitions.

Semaine 28

Le pouvoir de l'attitude mentale

Tout ce que votre esprit peut concevoir ou croire, il peut l'accomplir !

Le Créateur, une Puissance supérieure ou l'univers, selon vos croyances, vous a donné le contrôle total et incontesté du privilège de conditionner votre esprit en fonction de l'attitude mentale requise.

Cette dernière donne à votre personnalité globale un pouvoir d'attraction qui aspire les circonstances, les choses et les personnes auxquelles vous songez le plus. C'est pourquoi tant de gens subissent la vie comme un échec – misérables, malades de corps et d'esprit, d'une pauvreté extrême. Ils ont attiré ces inconvénients en laissant certaines pensées envahir leur esprit.

Les scientifiques ont analysé, disséqué et expliqué bon nombre de phénomènes, sauf les miracles à la portée de l'esprit humain conditionné par une conviction si intense qu'elle devient une foi orientée vers des buts précis.

À la naissance, nous arrivons avec l'équivalent de deux enveloppes scellées dont personne ne peut prendre connaissance, excepté nous-mêmes. L'une livre une longue liste d'avantages et de richesses dont nous pourrons nous emparer par la simple reconnaissance de la puissance de notre propre esprit, à condition de prendre possession de ce pouvoir et de le diriger avec une attitude mentale positive vers des buts de notre choix. L'autre enveloppe contient une liste aussi longue d'amendes à payer si nous négligeons de guider et de diriger le pouvoir de notre esprit – par ignorance, indifférence ou pour un autre motif.

L'un de nos plus étranges traits de caractère réside dans le fait qu'il nous faille une tragédie, un échec ou une autre forme de malheur pour prendre conscience des vertus d'une attitude mentale positive.

Milo C. Jones de Fort Atkinson, dans le Wisconsin, vivait une modeste existence de fermier jusqu'au moment où il fut terrassé par la paralysie. Il découvrit alors que le pouvoir de l'esprit l'emportait sur celui des muscles. Son idée de saucisses « cochonnet » le rendit extrêmement riche, à partir de la ferme qui lui fournissait jadis à peine de quoi vivre. Les produits Jones Farm, marque de commerce bien connue de nos jours, en dérivent. Ce concept de petites saucisses a fait sa fortune et le fermier a maintenant 88 ans.

Votre aptitude à *croire* est votre plus grand potentiel d'avoir. Mais vous ne pouvez y recourir ou en profiter tant que vous n'aurez pas pris l'habitude de garder une attitude positive. Rappelez-vous que les circonstances par lesquelles vous vous laissez inquiéter vous donnent la mesure de votre attitude. Et personne ne peut vous mettre en colère ou vous forcer à redouter quoi que ce soit sans votre plein consentement et votre coopération.

Votre attitude mentale est le moyen grâce auquel vous pouvez équilibrer votre vie et vos relations avec les gens et les situations pour attirer ce que vous désirez.

Le grand train de vie nord-américain et le système de libre entreprise émanent d'esprits d'hommes et de femmes qui ont *cru* en eux et qui ont maintenu cette conviction en contrôlant leur attitude mentale. Les croyants sont les précurseurs de la civilisation, les bâtisseurs d'industries, les créateurs d'empires, les révélateurs de la prime mise à notre disposition par le Créateur, une Puissance supérieure ou l'univers.

En vérité, tout ce que l'esprit peut concevoir ou croire, il peut réellement l'accomplir.

Semaine 29

Gardez un état d'esprit positif

On dit souvent que le riche s'enrichit et le pauvre s'appauvrit. Mes études personnelles des principes sous-jacents au succès grandiose et aux échecs déplorables le confirment.

La Bible le révèle en ces termes : « Car à tout homme qui a, l'on donnera et il aura du surplus ; mais à celui qui n'a pas, on enlèvera ce qu'il a. » (Matthieu 25, 29)

Les biens sont à utiliser, non à amasser. Peu importe notre avoir, nous devons l'employer ou il sera perdu.

Une seule chose est permanente dans l'univers : l'éternel changement. Rien ne demeure exactement pareil, pas même pour une seconde. Même notre corps physique change complètement avec une rapidité étonnante. Vous pouvez mettre à l'épreuve ces déclarations dans votre vécu.

Lorsqu'une personne se débat pour sa reconnaissance et pour empocher quelques dollars de plus, elle trouve rarement l'âme généreuse pour lui donner le coup de pouce requis. Mais une fois le pas franchi – alors qu'elle n'a plus besoin d'aide –, les gens font la queue pour lui offrir leur soutien.

Grâce à la loi de l'attraction harmonieuse, les semblables attirent les semblables en toute circonstance. Le succès attire un succès plus grand. L'échec attire un plus grand nombre d'échecs. Tout au long de notre vie, nous sommes les bénéficiaires ou les victimes d'un rayon lumineux qui coule rapidement, comme la lumière du soleil, et qui nous porte en avant tout aussi bien vers le succès que vers l'échec. Ce qui importe, c'est de chevaucher le rayon du succès plutôt que celui de l'échec.

Comment pouvez-vous faire cela ? La réponse est simple. Adoptez une attitude mentale positive qui vous aidera à influencer la marche de votre propre destin au lieu de vous laisser dériver à la merci de l'adversité.

Votre esprit a été doté du pouvoir de penser, d'aspirer, d'espérer, d'orienter votre vie vers un but. C'est la seule et unique chose que vous avez le privilège total et incontesté de contrôler. Mais rappelez-vous, vous devez profiter de ce privilège – et l'utiliser – ou subir des peines sévères. En vérité, peu importe ce que nous possédons – au point de vue matériel, mental ou spirituel –, nous devons l'utiliser ou nous le perdrons.

Premièrement, déterminez clairement pour vous-même la position que vous désirez atteindre dans la vie. Puis dites-vous : *Je peux le faire. Je peux le faire maintenant.* Établissez les étapes à suivre pour atteindre votre but. Appliquez-les une après l'autre et vous verrez qu'avec chaque succès, l'étape suivante devient plus facile, alors que de plus en plus de gens sont attirés pour vous aider à réaliser votre ambition ultime.

Rappelez-vous, il faut quitter le statu quo. Vous devez bouger en vous élevant vers le succès, ou en descendant vers l'échec. À vous seul de choisir.

Semaine 30

Soyez optimiste

L'optimisme est une habitude mentale ; à force de pratiquer l'habitude de l'optimisme, on augmente de beaucoup ses chances de succès. Comme on pourrait s'enfoncer dans la fosse du pessimisme et de l'échec en négligeant cette pratique.

L'optimisme est l'un des traits de caractère majeurs d'une personnalité agréable. Mais il découle en grande partie d'autres traits de caractère : sens de l'humour, confiance, habileté à surmonter la peur, contentement, un état d'esprit positif, flexibilité, enthousiasme, confiance et esprit de décision.

Au lieu de vous inquiéter des conséquences éventuelles, consacrez quelques minutes par jour à l'énumération d'événements agréables qui se produiront demain, dans une semaine ou le mois prochain, sinon l'année prochaine ! En pensant à ces événements, vous échafauderez même des plans pour leur matérialisation ! Agir ainsi, c'est prendre l'habitude d'être optimiste.

Jamais un pessimiste n'est devenu un grand leader ou une personne au succès retentissant. Que pourrait offrir ce type de leader, outre des promesses de désespoir et de défaite ? Même aux jours les plus sombres de la guerre de Sécession, les meneurs des deux camps – le président Abraham Lincoln et le général Robert Edward Lee – gardaient la foi en des jours meilleurs.

Au tréfonds de la Grande Crise, l'optimisme naturel de Franklin D. Roosevelt insuffla un nouvel espoir à une nation abattue. Même les infâmes despotes – dont Adolf Hitler, Joseph Staline, Benito Mussolini, Mao Tsé-toung, François et Jean-Claude Duvalier, Joseph-Désiré Mobutu et Zine el-Abidine Ben Ali – ralliaient leurs disciples avec une doctrine de l'authenticité ou des leitmotivs encourageants tels que : « Demain le monde », « Vous n'avez rien à perdre que vos chaînes » et « La nouvelle Asie ».

Pouvez-vous – même en vivant dans le système social, économique et politique le meilleur de l'histoire de l'humanité – vous permettre d'avoir moins d'optimisme que ces leaders ?

Rappelez-vous ceci : *qui se ressemble s'assemble*, dans les relations humaines, peu importe la règle du monde physique. Un optimiste est porté à se joindre aux optimistes, comme le succès attire le succès. Mais les pessimistes engendrent l'inquiétude et les ennuis sans dire un mot ni faire un geste, parce que leur attitude négative joue parfaitement le rôle d'aimant.

L'optimisme est en soi un genre de succès, car il va de pair avec un esprit en bonne santé, paisible et satisfait. Une personne excessivement riche peut être lamentable sur le plan physique, si son pessimisme constant lui a donné des ulcères.

L'optimisme n'est pas un état d'esprit où vous balancez tout discernement, croyant naïvement que les événements à venir prendront soin d'eux-mêmes. Seuls les idiots ont cette perception. L'optimisme se veut une foi résolue en votre capacité de voir à ce que les choses tournent bien, en réfléchissant à l'avance et en prévoyant la marche à suivre fondée sur un jugement solide.

Au plus fort de la vague de prospérité de 1928 (et de plusieurs autres depuis), de faux optimistes refusaient de croire que la bulle pourrait éclater. Ils raillaient les « pessimistes » prévoyants et alarmistes pour qui la nation foulait un terrain dangereusement inflationniste et spéculatif. L'effondrement du marché prit de court les pseudo-optimistes. Plusieurs n'ont pas puisé dans leur force d'esprit pour chercher la victoire dans la défaite et révélèrent leur fond d'êtres pessimistes. En fait, les vrais optimistes avaient envisagé l'avenir sans crainte et en toute honnêteté. Ils s'étaient positionnés pour réussir un beau coup en vendant au cours actuel et en recourant à d'autres moyens du genre.

Vous pourriez être cette sorte d'optimiste. Apprenez à affronter l'avenir de front. Analysez-le. Tenez compte des circonstances avec discernement. Puis décidez de la marche à suivre pour que les choses tournent comme vous le désirez. Vous vous rendrez compte que vous n'aurez jamais à craindre ce que l'avenir vous réserve.

Semaine 31

Contrôlez votre état d'esprit

L'état d'esprit s'assimile à une fourche sur le sentier de la vie. Il peut nous mener sur les chemins du succès ou la route de l'échec. L'unique facteur qui puisse mener au succès ou à l'échec, nous gratifier de la tranquillité d'esprit ou nous affliger de la misère quotidienne, c'est le simple privilège de prendre possession de notre esprit et de le guider vers toute fin de notre choix.

Votre attitude mentale positive ou négative attire les gens dans un esprit amical de coopération ou les repousse ; *vous seul pouvez déterminer ce qu'elle sera.*

Car l'état d'esprit est un facteur déterminant – sans doute le plus important – quant aux résultats de la méditation. Seules les prières soutenues par une foi profonde apportent des résultats positifs.

L'état d'esprit est l'armure de tout vendeur, peu importe ce qu'il a à offrir : marchandise, services personnels, sermons, idées ou denrées. L'individu à la mentalité négative ne peut rien vendre. Certes, il peut traiter la commande du type qui achète de lui, mais soyez-en sûr, *aucune vente n'a été accomplie.* Vous avez déjà eu une démonstration de cette vérité dans des magasins où l'on n'a pas formé les préposés à la vente pour qu'ils se montrent agréables avec les consommateurs.

Le vendeur à succès conditionne son esprit avant d'entrer en contact avec son client potentiel en se visualisant en train de négocier. Il sait que pour conclure une vente avec l'acheteur éventuel, il doit d'abord la conclure avec lui-même, grâce à un état d'esprit qui le valorise.

Cette prédisposition contrôle, en très grande partie, l'espace qu'on occupe dans la vie, le succès qu'on obtient, les amis qu'on se fait et notre contribution à la prospérité. Le poète (et éditeur) britannique William Ernest Henley devait avoir compris cette grande vérité quand il écrivit : « Je suis le maître de mon destin, le capitaine de mon âme. » Nous pouvons vraiment maîtriser notre destinée terrestre en prenant possession de notre propre esprit pour le diriger vers des objectifs précis grâce à notre attitude mentale.

Nous pouvons contrôler notre état d'esprit par un certain nombre de facteurs, dont :

- le désir ardent d'atteindre un objectif précis sur la base d'au moins un motif fondamental qui active tout effort humain, dont les trois premiers sont l'amour, le sexe et le désir de gains financiers ;
- l'association étroite avec des êtres eux-mêmes dotés d'un esprit positif, qui vous incitent à penser et agir en conformité avec une attitude mentale positive ;
- l'autosuggestion, soit des directives claires et nettes données à votre esprit jusqu'à ce qu'il n'attire que

le fruit de vos pensées. Vous convaincrez votre subconscient aussi bien en silence qu'en paroles ;

- les prières quotidiennes, dans lesquelles vous exprimez votre gratitude pour les bénédictions reçues au lieu de quémander ; et le fait de demander plus de sagesse afin de faire un meilleur usage de vos richesses. Cette habitude est peut-être la plus importante, parce qu'elle renforce vos convictions et tout objectif qui vous convient.

Un géant sommeille en vous, dont vous pouvez réclamer tous les services imaginables. Un bon matin vous vous réveillerez, à cheval sur le rayon du succès, et vous vous étonnerez de ne pas avoir découvert plus tôt que vous possédiez tous les ingrédients essentiels à une bonne recette de réussite.

Semaine 32

La valeur de la pensée positive

Une attitude négative encombre-t-elle votre parcours vers le succès ? Si oui, il est temps de changer.

Les personnes à l'esprit négatif voient chaque problème ou obstacle comme une côte insurmontable. Les personnes positives, en plus de trouver les moyens de franchir les obstacles, transforment ces derniers en tremplins.

En Louisiane, une grande superficie de terrain mise aux enchères généra seulement deux offres, dont l'une du propriétaire du terrain attenant. Une offre minime puisque des bambous jonchaient le sol, enlevant sa valeur au terrain. Son concurrent offrit le double. Il acquit donc le terrain, coupa les bambous et en fit des cannes à pêche qu'il vendit. Et cela lui rapporta le magot suffisant pour payer le terrain !

Ainsi, un esprit positif attire les occasions de succès, alors que l'esprit négatif les éloigne et n'en tire même pas avantage au moment où elles se présentent.

✦✦✦

Franklin Winfield Woolworth débuta comme commis dans une quincaillerie. L'inventaire annuel indiquait que le magasin avait stocké des milliers de dollars de marchandises qui n'étaient plus au goût du jour, donc inutiles.

« Laissez-moi organiser des soldes », suggéra-t-il au propriétaire, « et liquider toute cette vieille marchandise ».

Le propriétaire rejeta l'idée, mais M. Woolworth était tenace, à l'instar de tous les gens qui ont un état d'esprit positif. Il continua d'insister auprès du propriétaire du magasin jusqu'à ce que celui-ci accepte de tenter le coup avec quelques-uns des plus vieux articles.

On fabriqua une longue table et la disposa au centre du magasin, étiquetant à 10 cents tous les articles qui y reposaient. Tous ces produits se vendirent si vite que F. W. Woolworth obtint la permission d'organiser une deuxième vente, et ce fut une réussite du tonnerre.

Puis, F. W. Woolworth proposa au propriétaire de devenir son associé dans un magasin d'articles à 5 et 10 cents ; lui s'occuperait de la gestion et son supérieur fournirait le capital.

« Non ! » s'écria le propriétaire. « Le projet ne marchera jamais parce que vous ne pouvez pas trouver assez d'articles à vendre pour 5 ou 10 cents. »

M. Woolworth continua seul, accumula une fortune et donna naissance en 1911 à une chaîne de magasins à bas prix portant son nom. Bien des années plus tard, le vieux commerçant commentait tristement la transaction refusée : « Si mes calculs sont exacts, chaque mot que j'ai employé pour rejeter l'offre de F. W. Woolworth m'a coûté environ un million de dollars. » En 2001, l'entreprise de distribution à prix unique Woolworth's se recentra dans l'habillement sportif et devint Foot Locker.

Un état d'esprit négatif est porteur de plusieurs traits de caractère liés de près : la peur, l'indécision, le doute, la procrastination, l'irritabilité et la colère. Ils repoussent les gens et chassent les occasions favorables. Une attitude mentale positive va de pair avec la foi, l'enthousiasme, l'initiative personnelle, l'imagination et la précision des objectifs ; ces qualités attirent les gens et les possibilités avantageuses.

Comment maintenir un état d'esprit positif ? En pensant et agissant en fonction du potentiel de chaque plan ou projet, et en refusant de considérer comme insurmontables les inconvénients propres à toute entreprise envisagée.

Semaine 33

Laissez les habitudes travailler pour vous

Tous vos succès et échecs découlent d'habitudes acquises. Il existe deux sortes d'habitudes : celles que nous développons délibérément et volontairement à une fin précise, et celles que nous laissons se former selon les hasards de la vie, par manque de méthode. Les deux opèrent automatiquement, une fois que nous les acceptons, sous le contrôle direct de la grande loi universelle que je nomme « force cosmique de l'habitude ».

La Nature règle toutes ses lois grâce à la force cosmique de l'habitude, qui contrôle tout. Grâce à cette dernière, elle maintient la relation entre les atomes, les étoiles et les planètes, les saisons de l'année, la maladie et la santé, la vie et la mort. Le maintien de la Nature est systématique, automatique et ordonné. Les étoiles et les planètes bougent avec précision selon un rythme parfait, chacune gardant sa place dans l'espace-temps.

Un chêne grandira toujours à partir d'un gland, et un pin à partir de la graine de son ancêtre. La Nature n'a jamais commis l'erreur de faire pousser un pin d'un gland et un chêne d'une pomme de pin. Ces faits, on peut les voir. Mais avez-vous conscience qu'ils ne se produisent pas par hasard ? Quelque chose doit les provoquer ! Il s'agit du même pouvoir qui fixe les habitudes et les rend permanentes. Le Créateur, une Puissance supérieure ou l'univers accorde aux êtres humains ce privilège exclusif de régler leurs propres habitudes sur leurs désirs personnels.

Nous sommes tous gouvernés par nos habitudes ! Elles s'ancrent en nous par la répétition de nos pensées et de nos actes. Par conséquent, nous pouvons contrôler notre destinée terrestre et notre façon de vivre à la condition expresse de contrôler nos pensées. Nous devons orienter nos habitudes vers nos besoins et nos désirs. De saines habitudes qui conduisent au succès sont à la portée de tout le monde. Par sa volonté, on peut se débarrasser de ses mauvaises habitudes et les remplacer par de meilleures pratiques.

Les habitudes de toutes les créatures vivantes, à l'exception des humains, sont fixées par *l'instinct*. Bêtes et plantes sont soumises à des limitations auxquelles elles ne peuvent échapper. Le Créateur n'a pas seulement donné à l'humanité le contrôle total et incontesté sur le pouvoir de la pensée, mais à ce cadeau s'ajoutent les moyens de transformer ce pouvoir et de l'orienter vers les buts recherchés. Le Créateur nous a aussi fait don d'un autre privilège, celui de donner aux pensées leur équivalent physique : ce que nous pensons se produit.

Voilà donc une vérité profonde. Ainsi vous pouvez ouvrir les portes à la sagesse et adopter une vie ordonnée. Vous êtes apte à contrôler ces facteurs nécessaires à votre réussite. De grandes récompenses attendent ceux qui prennent possession du pouvoir de leur esprit et le dirigent vers les objectifs précis qu'ils ont choisis. Mais les désavantages de la voie contraire sont tout aussi importants.

La force cosmique de l'habitude n'accomplit pas de miracles, elle n'essaie pas de créer à partir de rien, pas plus qu'elle ne suggère à chacun le chemin à emprunter. Mais elle aide – et même force – chacun de nous à se mettre naturellement et logiquement à convertir les pensées en actions.

Quand vous commencez à réorganiser vos habitudes et à en développer de nouvelles, cherchez d'abord les habitudes rayonnantes de succès. Prenez place sur le pilier du succès en concentrant vos pensées quotidiennes sur l'objet de vos désirs. En temps utile, ces nouvelles habitudes et pensées vous mèneront à coup sûr vers la gloire et la fortune.

Semaine 34

Pensez juste

Sur quoi avons-nous un contrôle absolu ? Sur la puissance de notre pensée. Pour utiliser ce pouvoir avec efficacité, on doit penser avec justesse.

Les penseurs rigoureux ne permettent à personne de réfléchir à leur place.

Les personnes à succès respectent un système précis grâce auquel elles prennent des décisions justes. Elles recueillent information et opinions, mais se réservent le privilège de décider après leur analyse finale.

La pensée rigoureuse repose sur deux principes essentiels : le raisonnement inductif fondé sur la supposition de faits inconnus ou sur des hypothèses, faute d'antécédents répertoriés, et le raisonnement déductif s'appuyant sur les faits connus ou supposés.

Le penseur rigoureux franchit toujours deux étapes importantes. Premièrement, séparer les faits de la fiction ou des rumeurs non vérifiables. Deuxièmement, diviser les faits en deux catégories : important ou accessoire. Un fait important favorise l'atteinte de votre objectif, sinon il est sans valeur.

Il est tragique que de nombreuses personnes fondent leurs pensées sur des cancans non pertinents et des choses insignifiantes qui mènent à la misère et à l'échec. Celui qui pense avec justesse se rend compte du peu de valeur de certaines « opinions » exprimées par autrui, qui comportent cependant leur lot de danger si nous les estimons véridiques, parce qu'elles sont partiales et dictées par les préjugés, l'intolérance, l'égotisme, la peur et les conjectures.

Celui qui pense avec rigueur fait la sourde oreille à la personne qui entame une conversation par ces deux mots routiniers, « on dit », parce qu'il s'apprête à entendre de vagues affirmations. Il est conscient qu'aucune personne responsable ne devrait exprimer son opinion sans prendre appui sur des faits sérieux. Le respect de cette règle éliminerait a priori bien des pensées d'ordre secondaire qui ne valent rien, malheureusement galvaudées par la vaste majorité.

La personne qui pense juste se rend compte que le « conseil gratuit », en provenance d'amis, de proches ou de connaissances, peut être dénué d'intérêt. Si elle veut un avis, elle fait appel à une source sérieuse et paie pour cela d'une façon ou d'une autre. Elle sait que rien de valable ne s'obtient à la légère.

Les personnes qui pensent juste savent que les émotions ne sont pas toujours fiables. Elles se protègent des émotions en les examinant avec soin et en les évaluant grâce au pouvoir de la raison et aux règles de la logique.

✦✦✦

L'industriel américain James Buchanan Duke n'était pas instruit et ne savait pas écrire, mais il développa un sens aigu de la pensée précise, ce qui le propulsa parmi les plus riches de la planète[1]. Il ne gaspillait pas son temps à se tracasser à propos de banalités et de faits sans importance. Il prenait des décisions rapides après avoir pris connaissance des faits.

Un jour, il rencontra un vieil ami qui fut choqué de l'entendre confier son intention d'ouvrir 2 000 bureaux de tabac. Cet ami lui dit : « Mon associé et moi avons déjà assez de problèmes avec deux magasins, et toi, tu veux en ouvrir 2 000 ! Tu commets une grave erreur, James. »

« Une erreur ! » s'exclama James B. Duke. « J'en ai fait toute ma vie, mais je ne me suis jamais arrêté pour en discuter. Je vais de l'avant et j'en commets d'autres. »

C'est ainsi que « Buck » donna le feu vert à son idée de chaîne de bureaux de tabac, dont le chiffre d'affaires finit par atteindre des millions de dollars américains par semaine. Il fit don de plusieurs millions pour construire l'université Duke, une université de recherche privée issue d'une petite portion de la fortune qu'il avait accumulée grâce à son empressement à prendre des décisions rigoureuses, dont certaines furent judicieuses.

---

1. Son frère, Benjamin Newton, et lui reprirent dans les années 1880 la compagnie de tabac de leur père, Washington Duke. « Buck » acquit une licence d'utilisation de la première machine automatique à fabriquer des cigarettes, et en 1890, il contrôlait 40 % du marché américain de la cigarette. Cette année-là, il prit contrôle de ses quatre grands concurrents sous une seule entité commerciale, l'American Tobacco Company.

L'écrivain et éditeur Elbert Green Hubbard a rédigé un jour cette définition du dirigeant : « Celui ou celle qui prend un tas de décisions, dont certaines sont bonnes. »

De toute évidence, penser juste demande un haut niveau d'autodiscipline. Les décisions justes et rapides sont pour tous, en tout temps et en tout lieu, la pierre angulaire du succès. Elles ne se matérialisent que dans l'autodiscipline, avec courage et honnêteté.

Semaine 35

Cultivez votre vision créative

La puissance de l'imagination est à votre service sous deux formes : l'imagination synthétique, qui associe les idées connues, les concepts, les plans ou les faits de nouvelle façon ; et l'imagination créatrice, qui utilise le sixième sens pour révéler de nouveaux faits ou de nouvelles idées. Cette dernière, cela va de soi, véhicule l'inspiration.

Thomas Edison fit appel à l'imagination synthétique pour inventer la lampe électrique à incandescence en combinant différemment deux principes très connus. Bien avant la venue d'Edison, on savait que l'électricité pouvait produire la lumière en faisant courir cette énergie sur un fil métallique et en provoquant un court-circuit. Mais personne n'avait encore réussi à empêcher la combustion rapide du métal.

Edison appliqua le principe sous-jacent au charbon de bois : on enflamme le bois, puis on le recouvre de poussière pour laisser passer juste assez d'oxygène afin que le feu continue de couver sans devenir ardent. Fort du principe que rien ne brûle sans oxygène, l'inventeur plaça un fil électrique dans une bouteille et en évacua l'air. Puis il fit passer le courant électrique dans le fil, et l'ampoule électrique naquit !

Le scientifique Elmer R. Gates, de Chevy Chase (Maryland), nous donna de son côté un bel exemple d'imagination créatrice. Il détenait plus de brevets d'invention qu'Edison, et il perfectionnait la plupart de ses inventions grâce à son sixième sens, qu'il avait réussi à développer à un très haut niveau.

En s'enfermant dans une pièce insonorisée privée de lumière, l'homme de science parvint à éliminer toute distraction afin de se concentrer sur les informations qui lui seraient utiles. Quand elles lui parvenaient grâce à son sixième sens, il allumait les lumières, et les notait immédiatement. Bizarrement, parfois des idées hors sujet lui étaient révélées, et souvent elles ont donné naissance à un grand nombre d'inventions qu'il a mises au point.

Vous entrez en contact avec le monde physique grâce à vos cinq sens qui vous donnent accès à la nature et aux usages. Mais votre sixième sens, qui agit dans la partie subconsciente de l'esprit, vous relie aux forces invisibles de l'univers. Il met à votre disposition des connaissances impossibles à acquérir autrement.

Le sixième sens de la vision créative devient plus sûr avec un usage régulier et systématique – à l'instar des cinq sens physiques. Toutes les personnes aux efforts couronnés de succès recourent à un système pour conditionner leur esprit ; certaines le font *sans s'en rendre compte.*

Le luxueux hôtel Fontainebleau de Miami Beach vit le jour grâce à la vision créative.

L'hôtelier Ben Novack n'avait que 1 800 dollars à son arrivée à Miami en 1940, lui qui rêvait de posséder un magnifique hôtel reconnu partout dans le monde pour le confort et la détente qu'on y trouverait. Par une gestion judicieuse de ses maigres ressources, et grâce à son enthousiasme au moment de vendre son rêve aux financiers, Novack mit sa vision créative en action ; et puisqu'il se concentrait sur l'objectif qu'il s'était fixé, son rêve devint réalité.

Clarence Birdseye, un trappeur d'animaux à fourrure du Labrador, goûta un jour à quelques choux gelés par accident. Il lui vint alors l'idée de commercialiser des aliments surgelés qui portent aujourd'hui son nom.

Mettez-vous vos rêves à votre service grâce à la vision créative, comme Ben Novack et Clarence Birdseye l'ont fait ?

Une méthode très efficace pour tirer avantage du sixième sens est de rédiger une description claire et concise du problème à résoudre ou de l'objectif à atteindre. Faites-le souvent au quotidien sous forme de prière. La prière devrait reposer sur une conviction si forte que vous pourriez déjà vous voir en possession de l'objet de votre convoitise.

Si de prime abord cette méthode n'apporte pas les résultats souhaités, persévérez. Exprimez chaque fois votre gratitude comme si vous étiez devant le fait accompli, même si ce n'est pas encore le cas.

La clé du succès réside dans votre capacité de croire que vous réussirez. Rappelez-vous, tout ce que votre esprit peut concevoir et croire, il peut l'obtenir.

Semaine 36

Concentrez-vous

L'habitude de se concentrer sur une chose à la fois, au lieu d'éparpiller ses efforts, a mené tellement d'individus à la réussite.

En cas d'échec, concentrez votre recherche sur les motifs de ce contretemps, faites face aux faits avec honnêteté, et vous éviterez la répétition de vos erreurs.

Ne perdez pas de temps à chercher des excuses pour fuir la responsabilité qui vous incombe ou à jeter le blâme sur autrui. Cela reviendrait à prier pour demander l'échec, parce que vous êtes prêt à l'accueillir à nouveau.

La concentration aide à développer un atout édifiant : une mémoire fiable.

Un magazine national demanda à un écrivain réputé de rédiger une histoire fondée sur une interview du concepteur Frank Lloyd Wright. L'entrevue dura deux heures, mais le célèbre architecte était contrarié parce que le journaliste ne notait rien, et il voulut savoir pourquoi.

« Je prends des notes », répondit le journaliste, « dans ma mémoire que j'ai exercée sans carnet ni crayon ».

Le jour suivant, M. Wright avait en main la transcription exacte d'à peu près tous les détails de son entrevue. À sa grande surprise, il n'eut pas besoin d'en changer un mot.

L'habitude de vous concentrer facilite non seulement une bonne écoute, mais elle aide aussi à mémoriser ce que vous voyez et entendez. Si nous trouvons souvent si difficile de nous rappeler le nom d'une personne deux minutes après les présentations, c'est essentiellement que nous n'étions pas assez concentrés au moment où nous avons entendu le nom de l'autre pour la première fois.

On dit du politicien James Aloysius Farley qu'il se souvenait presque parfaitement des noms de tous les gens qu'il rencontrait. Il utilisait une méthode bien particulière. Quand on le présentait à quelqu'un, il demandait à cette personne de bien vouloir épeler son nom. Ou encore il répétait le nom et l'épelait après l'avoir entendu, et vérifiait auprès de la personne s'il ne s'était pas trompé.

Comme Andrew Carnegie l'a conseillé un jour : « Mettez tous vos œufs dans un panier. Puis restez à côté pour voir si personne ne va le renverser en lui donnant un coup de pied. » Ce genre de concentration lui a permis de bâtir l'United States Steel Corporation.

Toute personne qui atteint un haut niveau de succès démarre habituellement en investissant la totalité de son avoir à la poursuite d'un seul objectif. Elle reste sur une voie unique jusqu'à son arrivée à destination. Après cela, elle peut étendre ses activités en se fixant de nouveaux objectifs.

Qu'en est-il de vos propres habitudes de concentration ? Savez-vous précisément ce que vous voulez de la vie ? Avez-vous un plan précis pour l'obtenir ? Alors votre prochaine étape est de vous concentrer sur l'objectif et le plan avec une telle détermination qu'aucun obstacle ne pourra vous barrer la route.

Rappelez-vous, vos seules limitations sont celles que VOUS avez établies dans votre propre esprit. Concentrez-vous pour les surmonter et rien ne pourra vous arrêter.

Semaine 37

Le progrès nécessite un esprit ouvert

Un esprit ouvert est un esprit libre.

Fermer son esprit aux nouvelles idées, aux nouveaux concepts et aux nouvelles personnes, revient à barrer une porte derrière laquelle on emprisonne sa propre mentalité.

L'intolérance est une arme à double tranchant. En vous protégeant, vous vous privez d'opportunités et vous empêchez la communication. Quiconque ouvre son esprit donne à son imagination la liberté d'agir pour lui – développe donc une vision.

Pourrions-nous croire qu'il y a un siècle, des hommes se moquaient des essais de vol des frères Orville et Wilbur Wright ? Et en 1927, Charles Lindbergh a dû se débattre pour trouver des appuis en vue de son vol transatlantique. Quand des visionnaires ont prédit les voyages vers la Lune, plusieurs en ont douté. Aujourd'hui, on tourne en dérision les railleurs de cette époque révolue.

Un esprit fermé dénote une personnalité qui n'évolue pas. Elle laisse le progrès passer et ne peut donc jamais profiter des occasions qu'il suscite.

Seul un esprit ouvert permet de saisir l'influence absolue de la première règle de la science du succès : tout ce que l'esprit d'un être peut concevoir et croire, il peut le réaliser. La personne dotée d'un esprit ouvert accomplit de merveilleuses prouesses en affaires, dans l'industrie et dans toute profession alors que le sot à l'esprit fermé crie encore : « C'est impossible ! »

Il serait bien pour vous de faire votre inventaire. Êtes-vous parmi ceux qui disent « je peux » et « cela se fera », ou faites-vous partie du groupe qui prétend que « personne ne le peut » au moment même où quelqu'un est en train de réaliser cet exploit ?

Un esprit ouvert exige la foi – en vous-même, en vos frères humains et en votre Créateur qui a conçu un modèle de progrès pour nous et pour notre univers.

Les jours de superstition sont terminés. Mais l'ombre des préjugés est aussi sombre que jadis. Vous pouvez naître à la lumière en examinant de près votre propre personnalité. Prenez-vous des décisions en vous fondant sur la raison et la logique plutôt que sur l'émotion et le parti pris ? Écoutez-vous de toutes vos oreilles, avec attention et prévenance, les arguments des autres ? Recherchez-vous les faits plutôt que les on-dit et les rumeurs ?

La mentalité humaine s'atrophie sans le contact constant avec l'influence stimulante de pensées nouvelles. Les techniciens du lavage de cerveau durant la guerre et avant l'assassinat de JFK savaient que le moyen le plus rapide pour briser la volonté de quelqu'un était d'isoler son esprit, de le couper des livres, des journaux, de la radio, de la télévision et des autres moyens habituels de communication intellectuelle. Dans de telles circonstances, l'esprit meurt faute de nourriture. Seules une forte volonté et une foi des plus pures peuvent le sauver.

Pourriez-vous avoir emprisonné votre esprit dans un camp de concentration social et culturel ? Vous êtes-vous soumis à un lavage de cerveau de votre propre cru, en vous isolant des idées qui pouvaient vous mener au succès ?

S'il en est ainsi, il est temps d'écarter les barreaux des préjugés qui emprisonnent votre intelligence. Ouvrez votre esprit et offrez-lui la liberté !

Semaine 38

Les bienfaits de l'échec

L'échec se convertit en bénédiction quand il nous détourne de buts envisagés, qui auraient pu nous mener à la confusion ou à la destruction si nous y avions donné suite. Cela ouvre souvent la porte à de nouvelles occasions et nous en apprend sur les réalités de la vie. Cela rend les défauts évidents et guérit de leur vanité les gens prétentieux.

Les Britanniques subirent de graves défaites et de solides échecs quand le lieutenant-général Charles Cornwallis capitula devant les Américains et donna aux Treize colonies leur indépendance à l'issue de la bataille de Yorktown en octobre 1781. Mais sans cette indépendance, l'Amérique n'aurait pas eu la force d'aider à sauver l'Empire britannique de la destruction pendant les deux grandes guerres mondiales.

La guerre de Sécession a appauvri les États du Sud pendant plusieurs décennies. Mais la loi de la compensation a depuis rétabli les choses. L'industrie du Nord s'est dirigée si rapidement vers le Sud à un certain moment, les peuples du Sud recouvrant les biens et la fierté perdus.

L'ange de la compensation a le bras très long, une excellente mémoire et un merveilleux système de comptabilité ; tôt ou tard, toutes les dettes sont remboursées et tous les torts réparés, entre les communautés comme les individus.

J'ai eu l'impression de subir une perte irréparable lorsque mon nom n'est pas apparu dans le testament de mon riche grand-oncle qui laissait sa fortune à de plus proches parents. Mais ce fut l'une des plus grandes bénédictions au milieu des défaites et des échecs qui ont parsemé ma vie. Ne pas recevoir un sou de cet héritage m'a obligé à prendre en main ma destinée économique, et j'ai ainsi eu la chance de découvrir le chemin qui mène au succès pour tous les gens de par le monde.

Des problèmes de santé physique détournent parfois l'attention d'un individu de son corps vers son cerveau, lui révèlent le véritable « patron » du corps physique – l'esprit – et lui ouvrent de larges horizons qu'il aurait autrement ignorés.

L'échec affecte habituellement les gens de l'une ou l'autre de ces deux façons : il leur sert de défi et génère un plus grand effort, ou il les domine et les décourage de toute autre tentative.

La majorité des gens perdent espoir et laissent tomber aux premiers signes de défaite, avant même d'échouer. Et un bon pourcentage de gens laisse tomber au moindre échec, aussi petit soit-il. Le leader potentiel ne se laisse jamais dominer par l'échec. Au contraire, cela le motive à redoubler d'efforts.

Observez vos réactions à vos échecs et vous saurez si vous avez l'étoffe d'un chef de file. Si vous renouvelez vos tentatives après trois échecs dans une entreprise, vous pouvez vous considérer comme un candidat au leadership là où vous vous situez à présent. Si vous persévérez après une douzaine d'échecs, la graine du génie est en train de germer en vous. Donnez-lui le soleil de l'espoir et de la foi et regardez-la se développer en de grandes réalisations personnelles.

Il semble que la Nature utilise souvent l'adversité pour frapper les individus afin de savoir lequel parmi eux se relèvera et livrera un autre combat.

Le monde pourra largement oublier nos erreurs et nos défaites provisoires, à condition que nous les acceptions comme un défi et que nous poursuivions nos tentatives ; mais il n'existe aucun pardon pour la faiblesse de l'abandon lorsque le cheminement se complique.

Semaine 39

Apprenez de vos défaites

Chaque adversité, échec ou expérience désagréable porte le germe d'un avantage équivalent, qui pourrait receler une bénédiction cachée.

L'échec et la défaite se révèlent le langage commun par lequel la Nature s'adresse à tout le monde, obligeant chacun à un esprit d'humilité permettant d'acquérir sagesse et compréhension.

Un homme sage a déjà dit qu'il serait impossible de vivre avec un type qui n'aurait jamais échoué ou subi un revers. Le même homme découvrit que les gens parviennent au succès dans une proportion équivalant à la quantité de revers et de défaites subis et surmontés.

Et il fit une autre découverte importante : les grandes réalisations appartenaient à des gens qui avaient franchi la cinquantaine et, selon lui, les années les plus productives des individus qui s'engagent dans un travail intellectuel se situent autour de la soixantaine.

Abraham Lincoln perdit sa mère alors qu'il n'était qu'un tout jeune enfant. « Pas le moindre germe d'un avantage dans ce triste événement », diront certains. Mais après son deuil, il eut une belle-mère dont l'influence enflamma son ambition et l'incita à s'instruire et à réussir dans la vie.

Le chef d'entreprise Marshall Field, plus riche et plus puissant homme d'affaires de Chicago à la fin du XIXe siècle, perdit son magasin de détail dans le grand incendie de Chicago de 1871, et du coup presque tout son argent. Montrant les cendres encore fumantes, il a dit : « À cet endroit précis, je vais construire le plus grand magasin de détail au monde. » Le grand Marshall Field and Company, érigé à l'angle des rues State et Randolph, prouve qu'il existe le germe d'un avantage équivalent dans toute adversité. Quelquefois, cela demande du courage, de la foi et de l'imagination pour découvrir ce germe et faire qu'il donne naissance à la fleur épanouie du bienfait, mais il est toujours là.

Réfléchissez au cas de Michael Late Benedum qui, à 86 ans, était le plus grand entrepreneur de forages en terrain vierge au monde. Ce magnat du pétrole dont la fortune personnelle se chiffrait à des centaines de millions de dollars possédait la Benedum-Trees Oil Company et il est décédé à 90 ans, en 1959, sans jamais se retirer, travaillant sept jours par semaine lorsqu'il était octogénaire.

Mike Benedum a dévoilé le secret de son succès : « J'ai appris à continuer droit devant quand cela devenait difficile. » Par exemple, il venait tout juste de faire fortune pour la première fois quand il suivit un mauvais conseil et y laissa sa chemise.

Mais il transforma la défaite en victoire en apprenant une leçon primordiale : se fier à son propre jugement pour les décisions cruciales. Par conséquent, il « continua droit devant » pour découvrir de nouvelles réserves de pétrole qui dépassaient la totalité du pétrole jamais utilisé au cours de toute l'histoire. En Floride, au Texas et ailleurs, on lui prête la réputation d'avoir découvert plus de gisements que quiconque sur terre.

L'adversité le frappa à nouveau quand il essaya sans succès de trouver des gisements exploitables aux Philippines. Mais Benedum retomba très vite sur ses pieds, en commentant : « Cela fait partie du jeu. Vous ne pouvez pas trouver du pétrole partout. Si c'était le cas, plus personne n'entreprendrait de forage sur un terrain vierge. »

Notre société nord-américaine regorge d'exemples de gens qui ont atteint la célébrité et la richesse en surmontant l'adversité. Même les maux physiques et les handicaps ne devraient pas être un obstacle pour vous – comme en témoignent Franklin D. Roosevelt, Theodore Roosevelt, Helen Keller et Thomas Edison.

Apprenez de la défaite comme l'a fait Richard M. Davis de Morgantown, en Virginie de l'Ouest. Il a lutté pour atteindre un haut niveau dans l'exploitation des mines de charbon et il a tout perdu, y compris sa maison et ses meubles, pendant la Grande Dépression. Il apprit que sa réputation, qu'il sauva en refusant de faire faillite, était son plus grand atout. Grâce à elle, il fit face à l'adversité et remboursa toutes ses énormes dettes.

Davis devint le président de la Davis-Wilson Coal Company, et en plus de posséder une grande fortune, il fut un chef de file reconnu de la lutte pour la paix internationale.

Vous aussi, vous pouvez emprunter le chemin du succès en apprenant à découvrir le germe de l'avantage équivalent ; on peut le puiser dans chaque revers de fortune et, de là, rebâtir.

Deux faits importants se manifestent avec vigueur dans la vie. La défaite frappe inévitablement, sous quelque forme que ce soit, tout être pensant un jour ou l'autre. L'adversité contient le germe d'un avantage équivalent, souvent bien caché.

En analysant ces deux faits, on se rend compte que le Créateur, une Puissance supérieure ou l'univers nous destine à acquérir la force, la compréhension et la sagesse grâce à la lutte et à l'effort. L'adversité et la défaite nous obligent à développer nos esprits et à aller plus loin.

Il nous est pourtant souvent difficile, alors que nous souffrons encore des blessures, de voir que notre malheur sème la graine ou le potentiel d'un avantage équivalent. Mais le temps, le plus grand de tous les guérisseurs, dévoilera ce germe à ceux qui le recherchent sincèrement et qui croient fermement qu'ils le trouveront.

Semaine 40

Surmontez la peur pour atteindre votre objectif

La peur est le plus grand obstacle à la quête de succès.

Trop souvent, on laisse la peur gouverner ses décisions et ses actions. On n'aspire qu'à la sécurité.

La personne qui remporte un grand succès fonde plutôt son raisonnement sur la créativité et la productivité. Le président Dwight Eisenhower a affirmé : « Quelqu'un peut obtenir un haut niveau de sécurité dans la cellule d'une prison, si c'est tout ce qu'il désire de la vie. » La personne qui réussit est disposée à prendre des risques quand une logique inébranlable la convainc de cette nécessité.

Nous subissons tous la peur. Mais qu'est-ce donc ? Une émotion pour nous aider à préserver nos vies en nous alertant d'un danger. La peur est donc un bienfait quand elle émet un signal de prudence, nous incitant à marquer un temps d'arrêt et à étudier la situation avant une décision ou une action.

Mais nous devons la contrôler plutôt que de nous y soumettre. Une fois qu'elle a servi de signal d'alarme, on ne doit pas la laisser intervenir dans le raisonnement logique sous-jacent à notre ligne de conduite.

Les célèbres mots de Franklin D. Roosevelt, « Nous n'avons rien à craindre sinon la peur elle-même », s'appliquent encore de nos jours, bien que le président américain les ait prononcés la première fois à l'occasion d'un discours pendant la crise économique des années 1930.

Comment pouvez-vous surmonter vos peurs ? En leur faisant fermement face et en disant consciemment : « Je n'ai pas peur. » Puis demandez-vous : « Peur de quoi ? » Par cette seule question, vous avez commencé à analyser la situation que vous affrontez. Vous êtes sur le chemin de la raison qui vous fera contourner l'obstacle émotionnel qu'est la crainte.

L'étape suivante consiste à considérer le problème sous tous ses angles. Quels sont les risques ? La récompense espérée les vaut-elle ? Peut-on agir autrement ? Quels sont les problèmes que vous risquez d'éprouver ? Possédez-vous toutes les informations, tous les chiffres et tous les faits nécessaires ? Qu'ont fait d'autres personnes en de pareilles situations, et quels furent leurs résultats ?

Une fois cette étude menée à bien, passez à l'action – sans tarder ! La procrastination mène uniquement à un plus grand doute et une plus grande peur.

Un éminent psychologue a dit un jour que toute personne seule la nuit s'imaginant entendre des bruits pourrait très vite chasser sa peur. Il lui suffit de poser un pied à terre. Ainsi elle franchit la première étape d'une action positive pour maîtriser ou minimiser sa peur. La personne qui recherche le succès doit s'obliger à contrôler sa peur de la même façon, en franchissant le premier pas vers son objectif.

Rappelez-vous que personne ne marche seul sur le chemin de la vie. La Bible renferme une des affirmations les plus réconfortantes et vraies qui ne nous aient jamais été révélées : « Ne crains rien, car je suis toujours avec toi. »

La foi en ces mots vous donnera la force spirituelle de faire face à toute situation.

Semaine 41

S'autodiscipliner en vue de réussir

Benjamin Disraeli (1804-1881), l'un des plus grands Premiers ministres du Royaume-Uni, a atteint ce poste élevé grâce au pouvoir de sa volonté, dirigée par la précision de son objectif. Il commença sa carrière comme auteur, domaine où il eut peu de succès. Il publia une quinzaine de livres, surtout des romans, dont aucun n'attira vraiment l'attention du public. Échouant en littérature, il accepta sa défaite et considéra qu'elle était un simple défi qui l'incitait à livrer un plus grand effort dans une autre discipline. Ainsi, il entra en politique avec la ferme intention de devenir Premier ministre du vaste Empire britannique.

En 1837, il accéda à la Chambre des communes comme député tory de la circonscription de Maidstone, mais son premier discours au parlement sembla à tous un véritable fiasco. Une fois de plus, la défaite acceptée le mettait au défi de réessayer. Il poursuivit la lutte, sans jamais songer à l'abandon, et il devint le leader de la Chambre en 1858, avant de redevenir le chancelier de l'Échiquier, poste qu'il avait occupé dans un gouvernement minoritaire (là aussi), en 1852. En 1868, il réalisa l'objectif précis qu'il s'était fixé : devenir Premier ministre.

Alors il se heurta à une énorme opposition (c'était sa période d'essai) qui le mena à la démission. Mais loin d'interpréter cette défaite provisoire comme un échec, il organisa son retour et fut réélu Premier ministre, avant de bâtir un empire et d'influencer bon nombre de domaines différents.

Au moment où la route devint plus cahoteuse, Disraeli puisa ses plus grandes ressources dans sa volonté. Elle l'a soutenu face aux imprévus de la défaite passagère et l'a mené à la victoire. Résumant ses réalisations en une simple et courte phrase, il disait : « Le secret du succès est la fermeté de l'objectif ! »

Bien trop souvent, les gens laissent tomber quand les choses deviennent ardues, alors que souvent, une *seule étape de plus* les aurait portés avec triomphe à la victoire. La règle imbattable à suivre pour maîtriser les chagrins et les déceptions consiste à secouer ces frustrations émotionnelles en élaborant un projet précis. C'est une règle sans pareille.

Vos façons habituelles de penser sont soumises à votre contrôle et à votre autodiscipline. Ce sont les seules circonstances de votre vie sous votre parfait contrôle. Ce privilège comporte une lourde responsabilité, puisqu'il est le pouvoir qui détermine, plus que tout autre, votre position dans la vie. Si vous ne faites aucun cas de cet avantage en négligeant de former volontairement des habitudes destinées à mener à l'accomplissement d'objectifs précis, alors les circonstances de la vie qui échappent à votre contrôle feront le travail pour vous, et ce sera souvent un bien mauvais travail !

Si vous maîtrisez vos façons habituelles de penser, elles vous mèneront vers la conquête de tout objectif qui se trouve à votre portée. Autrement, vous pouvez autoriser les circonstances incontrôlables de votre vie à former à votre place vos pensées, qui vous emporteront inexorablement sur les rives de l'échec, ballottés par les remous de la grande rivière de la vie.

Faites fonctionner les pleins pouvoirs de votre volonté et prenez contrôle total de votre vie. Votre esprit est un serviteur qu'on vous a donné pour réaliser vos désirs. Personne ne peut entrer en lui ou l'influencer un tant soit peu sans votre consentement et votre coopération. Employez à bien son pouvoir et utilisez-le selon vos besoins.

La liberté du corps et de l'esprit, l'autonomie et la sécurité économique résultent d'une initiative personnelle exprimée grâce à l'autodiscipline. Aucun autre moyen ne permet de garantir ces désirs universels.

Vous êtes où vous êtes et ce que vous êtes en raison de vos façons habituelles de penser !

Semaine 42

Cessez de condamner vos enfants à l'échec

Encore et toujours, les discussions abondent au sujet de la délinquance juvénile et des problèmes de la jeunesse. J'aimerais vous raconter l'histoire d'un de ces jeunes « à problèmes » et la façon dont il fut guidé vers des activités profitables. J'étais ce jeune délinquant.

J'ai un père très religieux. Je suis l'aîné de ses deux fils. J'avais des idées bien arrêtées, et je défiais tous les efforts de mon père pour me « redresser ». Notre mère était morte depuis tant d'années.

J'aimais les armes à feu et j'avais quelques pistolets cachés au creux des arbres sur nos terres, dans les montagnes du sud-ouest de la Virginie. Les voisins s'étant plaints, mon père finit par retrouver les armes et les détruisit avec une masse.

J'aimais la musique des montagnes et j'avais un banjo dont je jouais en cachette. Mais les convictions religieuses de mon père s'y opposaient. Il rechercha le banjo jusqu'à ce qu'il le trouve et il le fracassa lui aussi.

Danser était aussi défendu (c'était vers 1900). Mais de temps en temps, je m'organisais pour « emprunter » un cheval, sitôt mon père endormi, et j'allais danser au village.

La fâcheuse conséquence était de fréquents et terribles séjours dans la cabane en bois familiale, où l'on m'enfermait. Mais chaque moment passé dans ce « tombeau » de l'horreur ne faisait qu'accroître ma détermination à enfreindre les règles dès que je le pouvais. J'étais en très bonne voie de devenir un parfait rebelle à toutes les règles de la société.

Mon sauvetage découla de la décision de mon père de se remarier. La belle-mère qu'il fit venir chez nous, dans notre cabane à la montagne, était une femme merveilleuse, gentille et compréhensive. Elle m'acheta un nouveau banjo et m'apprit même à améliorer mon doigté. Elle se procura, par l'entremise d'une maison de vente par correspondance, deux pistolets de tir nickelés et brillants – un pour elle, l'autre pour moi. Nous avons passé ensemble beaucoup d'heures agréables ; elle m'apprenait à canarder d'innocentes cibles plutôt que les poulets et les vaches des voisins.

Ayant gagné ma confiance et mon amour en m'aidant à faire les choses qui m'intéressaient, elle a cherché à diriger mes énergies vers de meilleurs objectifs. Elle acquit une machine à écrire d'occasion et commença à m'enseigner l'art d'exprimer mes idées sur papier. Pour finir, elle m'aida à obtenir un travail de journaliste local pour un groupe d'hebdos. À présent, je peux regarder en arrière et désigner cette période comme la plus décisive de ma vie. Est-il surprenant que je sois reconnaissant à cette grande dame ?

À cause de mes propres expériences, j'ai tendance à prendre le parti des jeunes délinquants chaque fois que j'entends parler de leurs problèmes.

Bien sûr, tous les genres de délinquance ne proviennent pas des mêmes causes. Dans de nombreux cas toutefois, j'estime qu'elle dérive de règles excessivement sévères et trop strictement mises en application. Je crains aussi que de nombreux parents ignorent qu'on peut réorienter vers un succès à tout casser l'énergie sans limites qui empêtre la jeunesse dans les ennuis. La personne indolente, sans énergie ni esprit d'aventure, ne réalisera pas de grandes choses. Beaucoup d'hommes et de femmes qui ont atteint des places élevées dans notre civilisation sont des « fomenteurs de troubles » – des esprits libres qui n'ont pas peur de braver les conventions pour foncer sur de nouvelles pistes, et secouer leurs semblables de leur léthargie.

Si votre fils ou votre fille est ce genre de personne courageux et énergique, soyez-en fort aise. Aidez votre enfant à apprendre à canaliser l'énergie de son tempérament pour réussir dans la vie. Félicitez vos enfants pour leur empressement à tenter toute chose. Montrez-leur à accueillir les leçons de leurs erreurs quand ils ont pris un mauvais virage. Par-dessus tout, accordez-leur vos louanges plutôt que vos condamnations, car d'une manière ou d'une autre, la nature humaine est ainsi faite que les gens vivent à la hauteur de la réputation qu'on leur donne.

Semaine 43

Le chagrin peut s'avérer une grâce

Le chagrin et la peine sont inévitables. Prenez-en conscience, vous serez en mesure d'encaisser les coups du sort et de retomber très vite sur vos pieds.

Le chagrin peut servir à des fins spirituelles élevées et honorables. Il peut détruire de vieux modèles improductifs d'habitudes et de pensées. Il forme l'esprit à l'humilité. Remède pour l'âme et l'esprit, il brise aussi les nombreuses barrières qui se dressent habituellement entre l'homme et les énormes forces spirituelles qui l'habitent.

Les Grecs de l'Antiquité le comprenaient si bien lorsqu'ils mettaient en scène des tragédies destinées à purifier les âmes des spectateurs.

Un caractère fort se compare à un excellent acier qui a subi le chaud et le froid à répétition. Au lieu de briser sous l'adversité, il assure sa résistance. L'Intelligence infinie se révèle à nous à l'occasion des chagrins profonds. La prière gagne en efficacité, apportant des résultats spirituels positifs et de la consolation. Et nous mesurons le degré de notre bonheur quand tout va bien seulement en le comparant avec la profondeur de la misère.

Le chagrin acquiert de la puissance au service du bien quand il se métamorphose en action constructive qui change notre façon de vivre. Sous son influence, des pécheurs sont devenus bons, des alcooliques ont retrouvé le droit chemin et des personnes vaniteuses ont appris la nécessité de l'humilité. Certains êtres chagrinés et endeuillés ont pu en aider d'autres qui vivaient une peine semblable.

En élevant l'humanité au plus haut niveau de l'intelligence, le Créateur nous a sagement donné la capacité d'éprouver du chagrin afin que nous utilisions notre supériorité modérément et sagement. L'être « anormal » – le sot, la brute, le sadique et le criminel – peut être doté d'une grande intelligence, mais dans bien des cas il est incapable d'éprouver du chagrin.

Si vous pouvez vous affliger beaucoup, vous avez un grand potentiel de génie – à condition de considérer le chagrin comme une source adéquate de discipline plutôt qu'un mode d'apitoiement sur vous-même.

Certaines des plus grandes œuvres artistiques et certains travaux scientifiques de la civilisation découlent de périodes douloureuses vécues par leurs créateurs. Individuellement, la douleur aide les gens à se développer. Les ennuis et l'adversité servent aussi à rapprocher les gens, à renouveler l'esprit de bienveillance et d'harmonie, comme ce fut le cas pendant la Seconde Guerre mondiale pour les Britanniques, et pour les États-Unis durant les périodes de crise nationale.

Au plus creux du chagrin, vous découvrirez la toute-puissance du courage et de la foi, sinon de la confiance, pour vous aider à surmonter les épreuves et les petits ennuis quotidiens. Vous pouvez éviter le piège de l'apitoiement en recherchant délibérément quelqu'un dont la cause de chagrin est plus grande que la vôtre. En aidant cet homme ou cette femme à affronter courageusement son chagrin et à le maîtriser, vous découvrirez que votre propre peine s'est évaporée dans la chaleur de votre amour pour les autres.

Le chagrin, dans l'adversité comme la défaite, renferme le germe d'une joie équivalente. Cherchez cette semence jusqu'à ce que vous la trouviez. Puis nourrissez-la, aidez-la à se développer et transformez cette peine en triomphe.

Semaine 44

Regardez-vous dans la glace

Il était tôt un bon matin quand ma secrétaire entra dans mon bureau pour m'aviser qu'un sans-abri voulait me rencontrer de toute urgence. Ma première idée fut de demander à ma collaboratrice de lui offrir de l'argent pour qu'il puisse se procurer un sandwich et un café, mais je me ravisai et j'eus l'instinct de le faire entrer.

J'avoue qu'il m'est arrivé rarement de voir quelqu'un dont l'apparence était aussi négligée. Ses vêtements étaient en lambeaux, comme s'il portait un tas de guenilles et sa barbe de huit jours ne contribuait guère à rehausser son allure.

« Je ne vous reproche pas de vous surprendre de mon apparence, dit-il, mais je ne voudrais pas que vous vous mépreniez sur mon compte. Je ne suis pas venu pour quémander votre charité. Je suis venu vous implorer de m'aider à sauver ma vie.

« Mes ennuis remontent à l'an passé, quand ma rupture avec ma femme nous a menés au divorce. Ensuite, tout s'est mis à aller de mal en pis pour moi. J'ai perdu mon travail, et je compromets maintenant ma santé.

« Je suis venu vous voir à la suggestion du policier qui m'a arrêté au moment où j'allais sauter dans la rivière. Il m'a donné le choix entre venir vous voir ou aller en prison. Il attend dehors pour voir si je tiens promesse. »

Le ton de sa voix et le langage qu'il employait indiquaient clairement qu'il était un homme très éduqué. En le questionnant, j'appris qu'il avait possédé l'un des restaurants les plus réputés de Chicago. Je me suis ensuite rappelé avoir vu dans les journaux que le restaurant avait été vendu en justice plusieurs mois auparavant.

Je demandai à ma secrétaire de lui apporter un petit-déjeuner parce qu'il n'avait pas mangé depuis deux jours. Pendant qu'on le lui préparait, j'obtins toute l'histoire de la vie de cet homme. Pas une seule fois, il n'a blâmé qui que ce soit de sa situation, sauf lui-même. C'était un signe en sa faveur et il me montrait comment je pouvais l'aider. Après qu'il eut fini de manger, je pris la parole.

« Mon ami, commençai-je, j'ai écouté très attentivement votre histoire et elle m'a profondément impressionné, tout particulièrement parce que vous n'avez pas essayé de trouver des excuses pour vous enlever la responsabilité de votre situation.

« Je suis aussi enchanté que vous ne jetiez pas le blâme sur votre ex-femme pour votre divorce. Je me dois de vous féliciter d'avoir parlé d'elle d'une façon aussi respectueuse. »

À mesure que je parlais, le moral de mon interlocuteur s'améliorait. Le moment était venu de mettre mon plan en action et ma façon de lui en faire part allait à coup sûr lui permettre de s'en souvenir, du moins l'espérais-je.

« Vous êtes venu à moi pour avoir de l'aide, mais je suis désolé de vous dire qu'après avoir entendu votre histoire, je ne puisse rien faire pour vous aider ! En revanche, je connais un homme qui peut vous secourir s'il le veut bien. Il est justement dans l'édifice actuellement, et je vous présenterai à lui si vous le désirez. »

Puis je le pris par le bras et le conduisis dans mon appartement privé, adjacent à mon bureau, je lui dis de se placer devant un long rideau, je tirai le rideau pour l'ouvrir, et il se vit dans un miroir de plain-pied.

Pointant du doigt l'homme dans le miroir, j'ajoutai : « Voilà l'homme qui peut vous aider. Il est le seul homme assez compétent, et tant que vous ne le connaîtrez pas mieux et que vous n'apprendrez pas à compter sur lui, vous ne réussirez pas à sortir de votre malheureuse situation. »

Il se rapprocha de la glace, se regarda très attentivement tout en frottant son visage mal rasé, se tourna vers moi et dit : « Je vois ce que vous voulez dire, et que Dieu vous bénisse, vous ne m'avez pas ménagé. »

Après cela, il tira sa révérence et je ne l'ai pas revu ni n'ai entendu parler de lui pendant presque deux ans. Puis un jour il revint me voir. Il avait tellement changé que je ne l'ai pas reconnu. Il expliqua qu'à l'Armée du Salut, il avait trouvé de l'aide pour s'habiller proprement. Puis il avait obtenu un emploi dans un restaurant semblable à celui qu'il avait possédé, avant de travailler comme maître d'hôtel jusqu'à ce qu'il rencontre par hasard un vieil ami qui écouta son histoire et lui prêta l'argent qui lui permit d'acheter son lieu de travail.

Il était devenu, croyez-le ou non, l'un des restaurateurs les plus prospères de Chicago, suffisamment riche pour rouler sur l'or, mais plus riche encore d'avoir découvert le pouvoir de son propre esprit et les moyens de l'utiliser pour pouvoir entrer en contact avec l'Intelligence infinie et faire appel à ses pouvoirs.

Semaine 45

La source de votre pouvoir

Thomas Edison est certes l'homme qui m'a le plus intrigué parmi tous les êtres illustres que j'ai côtoyés. Était-ce en raison de son manque d'instruction qu'il m'a impressionné, car il reste qu'il est devenu l'homme des plus grandes réussites dans le domaine de la science, du moins parmi ceux non occultés.

Cet inventeur était de loin l'homme le plus calme que j'aie connu. Ni la frustration ni la peur n'avaient d'emprise sur lui. Il était sans regret. Il ne surestimait pas son importance et il possédait l'humilité du cœur, d'où sa véritable grandeur.

Un jour où nous parlions des dizaines de milliers d'expériences qu'il avait ratées dans la mise au point de sa lampe à incandescence, je lui demandai : « Qu'auriez-vous fait si, en tout dernier lieu, vous n'aviez pas découvert le secret ? »

Il répliqua, les yeux pétillants de malice : « Je serais en train de travailler dans mon laboratoire, au lieu de perdre mon temps à discuter avec vous. »

Thomas Edison côtoyait « l'échec » avec assiduité. Pour satisfaire ma curiosité à propos du nombre d'échecs auxquels une personne moyenne peut survivre sans abandonner ou sombrer dans le désespoir, j'ai un jour enquêté pour établir le pouvoir de résistance des gens face à l'échec ou à la défaite.

La plupart des personnes que j'ai sondées mettent fin à leurs tentatives dès le premier revers de fortune. Un très petit pourcentage risque une seconde tentative. Mais la plus grande majorité abandonne avant même de subir une défaite, par anticipation : ces individus laissent tomber avant même d'avoir commencé. Il va sans dire qu'il n'y a pas plus de Thomas Edison que de Henry Ford dans ce groupe.

J'ai noté deux observations de premier plan quant aux hommes et aux femmes qui réussissent par opposition aux gens qui ne mènent pas à bien leur entreprise. Ceux qui ont du succès parlent au futur des objectifs qu'ils n'ont pas encore atteints et qu'ils se proposent d'accomplir. Ceux qui ont échoué parlent au passé de leurs défaites et déceptions. Je n'ai jamais connu la règle pour échouer.

J'ai remarqué un autre trait de caractère des personnes qui réussissent et de celles qui échouent. La personne qui réussit parle habituellement en termes flatteurs des autres personnes qui ont du succès.

L'envie et la vengeance sont des mots très laids. Mais plus laid encore est le caractère d'une personne qui se laisse aller à ces émotions. Vous devez grandement vous en préserver si vous voulez jouir de la tranquillité d'esprit.

Fermez les portes de votre esprit à tout ce qui provoque en vous l'anxiété, la peur, la colère, la souffrance, l'envie, la cupidité et le désir d'avoir sans bouger le petit doigt. Autrement, le prix à payer sera la perte de la tranquillité d'esprit que vous cherchez.

Si on vous offense, vous vous retrouvez devant l'occasion d'apprendre si vous possédez les éléments essentiels pour devenir grand. Si vous avez un tel potentiel, vous oublierez l'incident et tournerez la page. Si vous n'avez pas les fondations sur lesquelles repose la grandeur, vous trouverez des moyens de vous venger de l'individu qui vous a blessé.

Si vous devez choisir la deuxième voie, vous serez le plus malheureux des deux, parce qu'en vérité c'est ce qui attend toute personne qui se venge. La vengeance agit tel un boomerang qui souvent revient et blesse la personne qui l'a lancé.

Que votre colère et votre blessure soient emmurées derrière une même porte bien fermée. Rappelez-vous, personne ne peut vous mettre en colère ou vous blesser moralement sans votre coopération volontaire.

Vous pouvez parfaitement contrôler votre état d'esprit. Et vous serez surpris de découvrir, après avoir mieux pris connaissance de cette idée de porte fermée, combien il est facile de prendre possession de votre esprit et de le conditionner pour atteindre tout objectif qui vous intéresse. Personne ne peut contrôler les actions d'autrui ou les nombreuses circonstances de la vie qui engendrent la colère, mais vous pouvez contrôler vos réactions à ces actions et circonstances.

Votre esprit vous appartient. Vous êtes le seul à surveiller ses réactions aux circonstances qui affectent votre vie. Apprenez à fermer la porte de votre esprit aux réactions négatives et à les bannir si vous souhaitez trouver la tranquillité d'esprit et la prospérité.

Semaine 46

Recourez au maître invincible

Un pouvoir qui vient de l'intérieur et ne connaît ni classe sociale, ni obstacle insurmontable, ni problème sans solution se trouve à la disposition de l'humble comme du pauvre, du riche comme du puissant. Tous ceux qui pensent avec rigueur le détiennent. Et nul autre que vous ne peut le rendre efficace.

Quelle peur étrange envahit l'esprit et l'empêche d'accéder à un pouvoir secret apte à élever une personne au zénith de la réussite ? Pourquoi trop de gens deviennent-ils victimes d'un rythme hypnotique et négatif qui détruit leur aptitude à utiliser le pouvoir secret de leur esprit ?

La voie pour accéder à toute forme de génie est tracée. Tous les chefs de file qui ont contribué à notre mode de vie l'ont suivie.

Le pasteur Frank Gunsaulus apprit à exploiter ce pouvoir secret interne. Jeune ecclésiastique, il avait longtemps désiré construire un nouveau genre d'université. Il savait ce qu'il voulait, mais il lui fallait un million de dollars en espèces pour son projet.

Il se mit en devoir de trouver le million espéré. Un engagement solide fondé sur un objectif précis constituait la première étape du projet. Puis il écrivit un sermon intitulé : « Ce que je ferais avec un million de dollars. » Il fit l'annonce dans les journaux de Chicago que son prochain prêche du dimanche matin porterait sur ce sujet.

À la fin du sermon, un homme inconnu, que le prédicateur n'avait jamais vu auparavant, s'avança vers la chaire et dit : « J'ai aimé votre sermon. Vous pouvez venir à mon bureau et je vous donnerai le million dont vous avez besoin. » L'inconnu était Philip Armour, le fondateur (en 1867) d'Armour and Company, qui devint l'une des plus grandes entreprises mondiales de l'agro-alimentaire.

C'est le commencement et la fin de ce qui se produisit, et le pouvoir qui permit ce miracle fut la mise en pratique de la foi – pas une simple foi passive, mais une conviction soutenue par l'action.

La foi bien comprise est toujours active, et non passive. La foi passive n'a pas plus de pouvoir qu'une dynamo au repos. Pour générer ce pouvoir, la machine doit entrer en mouvement. La foi active ne connaît ni la peur ni les limitations que l'on s'impose. Renforcé par la foi, le mortel le plus faible est plus grand que le désastre, plus fort que l'échec, plus puissant que la peur.

Les imprévus de la vie amènent souvent les gens à un carrefour où ils doivent choisir entre deux routes marquées FOI et PEUR. Qu'est-ce qui incite la vaste majorité à opter pour la peur ? Le choix dépend de l'attitude mentale de chacun, et le Créateur nous a dotés des pouvoirs qui nous permettent de contrôler la nôtre.

Ceux qui ont choisi la route de la foi ont conditionné leur esprit à croire. Ils l'ont fait petit à petit grâce à des décisions et à des actions rapides et courageuses dans les petites choses de la vie quotidienne. Ceux qui ont pris la route de la peur n'avaient pas pris soin de conditionner leur esprit à une attitude positive.

Cherchez ce pouvoir secret en vous, jusqu'à ce que vous le trouviez. Vous découvrirez alors votre moi profond, à votre service dans chaque expérience de vie. Alors, que vous fabriquiez une meilleure souricière, écriviez un meilleur livre ou fassiez une meilleure conférence, le monde va se presser à votre porte, vous reconnaître et vous récompenser. Le succès vous appartiendra, peu importe qui vous êtes ou la nature et le nombre de vos erreurs antérieures.

Semaine 47

Rendez grâce chaque jour

Plein d'hommes et de femmes ayant réussi déclarent y être parvenus par leurs propres moyens. Mais sans aide, aucun ne monte au pinacle. Après avoir déterminé votre objectif sur la voie du succès – et franchi les premiers pas pour le réaliser – vous verrez bien : vous recevrez de l'aide de sources nombreuses et imprévues. Vous devez être prêt à rendre grâce tant pour l'aide humaine que pour l'aide divine.

La gratitude, ce mot merveilleux, décrit un état d'esprit de nature profondément spirituelle. Elle rehausse d'un charme magnétique la personnalité et se veut la clé des pouvoirs magiques à la porte de l'Intelligence infinie. La gratitude, à l'instar des autres traits d'une personnalité agréable, est une simple question d'habitude. C'est également un état d'esprit. Ressentez sincèrement la gratitude que vous exprimez, sinon vos mots faux et vides sembleront aussi artificiels que le sentiment exprimé.

La gratitude et la bienveillance sont intimement liées. Si vous développez intentionnellement votre sens de la gratitude, votre personnalité se raffinera, aspirant à la dignité et la bienveillance.

Chaque jour, consacrez quelques minutes à rendre grâce pour vos bénédictions, car la gratitude s'émancipe dans la comparaison. Comparez les circonstances et les événements avec ce qu'ils auraient pu être ; vous vous rendrez vite compte, peu importe la gravité des choses, que votre sort n'est pas si pire – et vous serez reconnaissant d'avoir échappé à l'enfer.

Trois phrases sont à privilégier tous les jours. Les voici : « Merci », « Je vous suis reconnaissant » et « J'apprécie ». Soyez bien réfléchi. Essayez de trouver des façons originales et singulières d'exprimer votre gratitude, et pas nécessairement des cadeaux matériels. Le temps et l'effort sont de loin plus précieux, et ce que vous consacrez en temps et en effort pour montrer votre gratitude en vaudra vraiment la peine.

Que votre gratitude soit créatrice ! Faites-la travailler pour vous. Par exemple, avez-vous jamais pensé à écrire un simple petit mot à votre patron ou à votre patronne pour lui dire combien vous aimez votre travail et combien vous êtes reconnaissant des opportunités qu'il ou elle vous offre ? L'effet de surprise d'une telle marque de gratitude fera porter son attention sur vous – et pourrait même vous valoir une augmentation. Aussi banal que cela puisse paraître, la gratitude est contagieuse. Le patron ou la patronne peut contracter le virus et trouver des moyens concrets d'exprimer sa gratitude pour les services que vous lui avez rendus.

Et n'oubliez pas d'être reconnaissant envers vos proches – votre conjoint, vos autres parents et ceux avec qui vous

vous associez quotidiennement, et que vous pourriez négliger. Vous leur êtes probablement plus redevable que vous ne le croyez.

La gratitude prend une nouvelle signification – une nouvelle vie et un pouvoir nouveau – quand on l'exprime à voix haute. Votre famille sait probablement que vous lui êtes reconnaissant de la confiance qu'elle a en vous, mais remerciez-la fréquemment ! Vous verrez un nouvel esprit s'insinuer dans toute la maisonnée.

Souvenez-vous, il existe toujours un motif d'être reconnaissant. Même le prospect qui rejette un vendeur devrait être remercié pour le temps qu'il lui a consacré à l'écouter. Il sera beaucoup plus enclin à acheter la fois suivante.

La gratitude ne coûte rien, et elle est un gros investissement pour l'avenir.

Semaine 48

Recherchez la tranquillité d'esprit après les émotions fortes

Selon vos stimulations, tout comme le corps physique réagit à la nourriture absorbée, votre esprit se développe sainement ou non. Certaines expériences quotidiennes améliorent notre santé mentale, mais on doit en éliminer d'autres avant qu'elles ne deviennent un poison mortel.

Une fois la sérénité atteinte, votre esprit repoussera automatiquement les pensées ou réactions mentales défavorables à votre bien-être. Mais avant d'en arriver à cette maîtrise souhaitable de l'esprit, vous jugerez nécessaire de rejeter délibérément les influences mentales négatives que vous ne voulez pas intégrer à votre caractère. « Se départir de » consiste à convertir les pensées négatives en pensées positives. Cela se fait tout simplement en détournant votre esprit des pensées désagréables au profit de pensées agréables.

La seule et unique aventure criminelle d'O. Henry, nom de plume de William Sydney Porter (1862-1910), qui lui valut la prison, a été relatée dans une nouvelle et a mis au jour un talent d'écrivain qui l'a immortalisé dans le domaine littéraire.

De manière semblable, à partir des frustrations des toutes premières années de sa vie, Jack London (1876-1916) a écrit des nouvelles qui ont fait du Californien, de son vivant, une célébrité nationale, et ses histoires demeurent très appréciées des fervents de la nouvelle.

Knud Pedersen (1859-1952), un émigrant norvégien, ratait tout ce qu'il essayait. En désespoir de cause, il décida d'écrire l'histoire de ses déboires dans un récit semi-autobiographique qu'il intitula *La Faim* (1888). Ce livre aida Knut Hamsun, pseudonyme qu'il adopta, à gagner le prix Nobel de littérature et une multitude d'éditeurs du monde entier se précipitèrent à sa porte. Puis la fortune vint en abondance – suffisamment pour lui permettre de se retirer.

Rappelez-vous ceci : bonnes ou mauvaises, les expériences sont peu importantes dans la vie d'une personne ; ce qui compte, ce sont *les réactions de cette personne à ces expériences.* En fermant la porte aux expériences désagréables, on peut les transformer en avantages de grande valeur pour soi et pour le monde.

Charles Dickens (1812-1870), déçu de sa toute première liaison amoureuse, ne s'est pas jeté du haut de l'édifice le plus élevé et n'a pas gobé une dose massive de somnifères. Il a transmué son amour non partagé et a écrit *David Copperfield,* un chef-d'œuvre qui lança une carrière où la gloire et la fortune qui le couronnèrent étaient dignes d'un roi. Dignes d'une reine devrions-nous dire, puisque ce citoyen du sud de l'Angleterre devint le plus grand romancier de l'époque victorienne.

Il arrive souvent qu'avant de nous trouver nous-mêmes, nous devions subir une série de revers, de désillusions, de défaites et d'échecs. Personne n'aurait probablement été plus surpris que Harry Truman (1884-1972) si, après son échec en tant que mercier, quelqu'un lui avait annoncé son accession éventuelle à la présidence des États-Unis.

C'est un jour béni quand nous découvrons que la perte définitive n'existe pas ; car chaque chose enlevée est remplacée par une chose d'égale valeur ou de plus grande valeur – peut-être tout à fait différente de celle que nous avions perdue.

C'est également un jour à marquer d'une pierre blanche lorsque nous découvrons que la plupart de nos soi-disant échecs et défaites sont des bénédictions cachées, qu'ils nous obligent à changer le cours de notre vie afin de nous diriger vers de meilleures occasions, un plus grand bonheur et une meilleure compréhension.

Il aurait été difficile de faire accepter cette idée à Milo C. Jones (1871-1955) alors qu'il était un fermier bien portant travaillant dans le Wisconsin, mais si vous le lui aviez dit après qu'il fut affligé de paralysie et qu'il eut découvert un esprit qui fit de lui un multimillionnaire, il vous aurait écouté avec respect.

N'est-il pas étrange que les gens reviennent rarement à eux-mêmes tant qu'ils n'ont pas été frappés par une catastrophe ? Peut-être que le Créateur, une Puissance supérieure ou l'univers a prévu les choses de cette façon. Il ne semble pas y avoir d'autres explications. La plus riche mine de cuivre du monde fut découverte par un mineur qui avait passé la plus grande partie de sa vie à chercher de l'or. Sa fidèle mule, qui portait tous ses biens au monde y compris son équipement de prospecteur, marcha dans un trou, se cassa la patte et dut être abattue. Alors qu'il était en train de creuser pour essayer de dégager la patte de sa mule, le mineur découvrit le riche minerai de cuivre.

N'oubliez pas ceci : quand vous éprouvez n'importe quelle sorte de déception, c'est peut-être le travail silencieux d'un ami invisible en train d'essayer de vous mettre à l'abri des ennuis.

Semaine 49

Le contentement

L'homme le plus riche du monde habite dans la Vallée du Bonheur. Il a établi sa richesse sur les valeurs durables, les choses qu'il ne peut pas perdre – et qui lui procurent satisfaction, bonne santé, tranquillité d'esprit et harmonie de l'âme.

Voici l'inventaire de ses richesses et des moyens qui lui ont permis de les acquérir :

- « J'ai trouvé le bonheur en aidant les autres à le trouver. »
- « J'ai trouvé la santé en vivant avec modération et en mangeant uniquement la nourriture dont mon corps a besoin. »
- « Je ne déteste personne, je n'envie personne, mais j'aime et je respecte toute l'humanité. »
- « Je me suis engagé dans un travail d'amour auquel je mêle le divertissement avec générosité ; c'est pourquoi je ne me fatigue jamais. »
- « Je prie chaque jour, pas pour devenir plus riche, mais pour devenir plus sage afin de reconnaître,

d'accepter et d'apprécier la grande abondance des richesses que je possède déjà. »

- « Je ne prononce le nom de personne excepté pour l'honorer, et je ne calomnie personne pour aucune raison que ce soit. »
- « Je ne demande aucune faveur à personne excepté le privilège de partager mes bénédictions avec tous ceux qui le désirent. »
- « Je suis en bons termes avec ma conscience, c'est pourquoi elle me guide avec précision dans tout ce que je fais. »
- « J'ai plus de richesses matérielles qu'il ne m'en faut parce que je suis libéré de la cupidité et je ne convoite que les choses que je peux utiliser de façon constructive durant ma vie. Ma richesse me vient de ceux qui m'ont donné l'occasion de faire le bien en partageant mes bénédictions. »
- « L'État de la Vallée du Bonheur, dont je suis le propriétaire, n'est pas imposable. Il existe surtout dans mon esprit, cette richesse intangible dont personne ne peut calculer la valeur imposable ou s'emparer, excepté ceux qui adoptent ma manière de vivre. J'ai créé ce domaine par le biais d'une vie d'efforts à observer les lois de la Nature et à développer des habitudes pour me conformer à ces lois. »

L'homme de la Vallée du Bonheur n'a pas de droits d'auteur sur le credo du succès. Si vous l'adoptez et vivez avec, vous pouvez donner de la valeur à votre vie à vos propres conditions. Ce credo peut attirer des amis nouveaux et plus désirables, et tout autant désarmer vos ennemis. Il peut apporter la prospérité dans vos affaires, votre profession ou votre vocation, et faire de votre foyer un paradis où il fera bon vivre pour chacun des membres de votre famille. Il peut prolonger votre vie de plusieurs années et vous libérer de la peur et de l'angoisse.

Par-dessus tout, le credo de l'homme de la Vallée du Bonheur peut vous apporter la sagesse afin de résoudre tous vos problèmes personnels – avant qu'ils ne surviennent – et il peut vous procurer paix et satisfaction.

Semaine 50

Ni trop ni trop peu

Apprenez à acquérir juste assez – pas plus – de tout ce qu'il faut pour être heureux et vous jouirez ainsi de la paix de l'esprit.

Obtenir toutes les richesses de la vie qui font le bonheur est une chose, mais devenir riche financièrement en est une autre. Vous n'êtes pas riche dans le sens le plus noble du terme tant que vous n'avez pas acquis le moyen d'apaiser votre esprit en permanence.

L'argent seul ne saurait apporter la tranquillité d'esprit. Au contraire, il peut entraîner l'angoisse, la misère et la peur, et il le fait souvent, nous privant de la paix de l'âme durable. L'argent peut aussi bien devenir une grâce qu'une malédiction, à cause de son usage.

L'argent employé pour enrichir la vie des autres et votre propre vie peut être une grande bénédiction. Mais son usage à des fins strictement égoïstes risque d'engendrer la malédiction ; vous devenez son esclave et vous vous débattez pour en obtenir plus que nécessaire.

L'argent qui bâtit les entreprises, crée des emplois et produit ce que les gens veulent qui correspond à leurs besoins devrait toujours procurer de la joie aux individus qui le contrôlent ou le possèdent, car le travail est essentiel au bonheur, à la prospérité et à une santé solide. Toutefois, pour rester heureux, prospère et en bonne santé, le divertissement, l'amour et la dévotion sont aussi nécessaires. Tous ces éléments sont à équilibrer de façon à obtenir une quantité précise de chacun dans votre vie quotidienne.

Le travail est une bénédiction seulement s'il est accompli avec dévotion ou passion, car il vous permet alors d'exprimer vos talents et de percevoir chaque jour vos dividendes en sachant qu'il profite à autrui. Le travail exécuté à contrecœur peut vous donner une santé médiocre et un mauvais caractère.

L'ambition pour la célébrité, le pouvoir et l'argent est une grande chose, mais une ambition démesurée pourrait vous conduire à la ruine et à la mort. L'ambition désintéressée, fondée sur un désir sincère d'utilité aux autres, est une qualité enviable qui crée rarement des circonstances indésirables, pas plus qu'elle ne mène à la perte des grandes richesses de la vie.

Le Mahatma Gandhi est un exemple remarquable d'ambition altruiste. Il mit ses désirs personnels au service d'un plus grand objectif : libérer son peuple. Ce genre d'ambition porte en lui un pouvoir grand et durable, comme la célébrité et la mémoire du Mahatma Gandhi l'ont si bien démontré.

Mais rappelez-vous, l'ambition mise en pratique, comme tout autre chose désirable, exige de la modération.

Trop peu d'ambition vous condamnera à la misère et au manque. Trop d'ambition, motivée par le désir d'accumuler des biens personnels, vous mène à l'égoïsme et à la cupidité – jamais à la tranquillité d'esprit.

Nous ne sommes que les gardiens provisoires de nos richesses, de nos vies et des choses que nous utilisons et apprécions le plus. Nous pouvons accroître notre joie simplement en partageant avec les autres tout ce qui nous donne cette joie.

Nous connaissons tous le grand principe de la Règle d'or, nous pouvons en parler, mais peu de gens l'adoptent en pensées et passent à l'action. Il arrive de temps à autre qu'un visionnaire hérite de l'entière compréhension de ce qu'elle signifie, l'applique généreusement dans ses affaires ou sa profession, et tout le monde se presse à sa porte pour faire partie de sa clientèle.

Henry Ford a dit : « Un petit peu de moi-même va dans chaque automobile qui sort de nos chaînes de montage, et pour chaque automobile vendue, je ne pense pas au profit qu'elle nous rapporte, mais bien au service qu'elle peut rendre à l'acheteur. »

M. Ford vivait selon ce principe, et cela a fait de lui l'un des industriels les plus prospères que le monde ait jamais connus. Très tôt dans sa vie, il avait reçu une leçon sur l'ambition désintéressée, et cela lui avait apporté la tranquillité d'esprit.

L'objet de la vie et les problèmes qu'elle apporte peuvent être une éternelle épreuve ou un grand plaisir, selon les rapports que vous entretenez avec les circonstances. La paix de l'âme ne s'acquiert que si vous êtes au préalable bien organisé et équilibré.

Lorsque vous atteindrez le niveau d'autodiscipline qui vous permettra de n'avoir peur de rien, de ne détester personne, de n'envier personne, de ne rien convoiter que vous n'ayez mérité et d'utiliser toutes vos expériences à votre avantage, une grande vérité va se révéler à vous. Vous vous rendrez compte que votre tranquillité d'esprit est le résultat de votre façon de vivre en suivant le principe de la modération en toutes choses.

Semaine 51

Ressemblez-vous à ce portrait ?

Une autoanalyse critique et fréquente vous assure de vous conformer aux principes susceptibles de vous mener à l'apogée. Une liste de contrôle pourrait vous aider à trouver les points faibles qui vous en empêchent. Comparez-vous à un personnage imaginaire en route vers le succès – tenez, Marie Savoie ! – et voyons à quel point vous lui ressemblez.

Marie s'est fixé un objectif précis dans la vie et elle a élaboré un plan pour l'atteindre en s'allouant un délai précis. En bref, elle a franchi le premier et le plus important pas vers le succès. L'avez-vous fait ?

Chaque défaite passagère de Marie, au lieu de la décourager, la pousse à la quête du germe d'un avantage équivalant aux pertes subies, pour que les événements tournent en sa faveur.

Marie vit chaque jour avec entrain et enthousiasme, et son travail devient une partie de plaisir. Elle s'abstient de parler de ses problèmes, puisque parler du succès attire le succès.

De plus, elle sait qu'un groupe a plus de chances de succès qu'un individu. Elle recherche ardemment les alliances et la coopération où le libre échange d'idées, de talents et d'énergie aboutit inévitablement à la concrétisation des espoirs. Elle en fait toujours un peu plus, donnant plus que ce que l'on attend d'elle.

Marie s'habille convenablement, dresse un budget, épargne soigneusement une portion de ses revenus et surveille sa santé.

Par-dessus tout, elle conserve une attitude mentale positive. Elle croit fermement à la véracité du premier principe de la science du succès – tout ce que l'esprit de l'homme peut concevoir et croire, il peut le réaliser – et elle s'assure que les gens impliqués dans une transaction en bénéficient : il n'y a ni gagnant ni perdant. Ses supérieurs et ses subordonnés l'admirent pour ses décisions rapides, dont elle assume l'entière responsabilité.

Marie est loyale. Elle s'efforce de distribuer compliments et éloges mérités – sans sombrer dans les flagorneries. D'un commerce agréable, elle a le sens de l'humour, est sérieuse et courtoise. Elle n'utilise jamais un langage grossier et considère tous les êtres humains comme ses égaux.

Marie essaie constamment de s'améliorer. Elle sait apprécier les bons livres, le bel art et le bon théâtre à peu de frais dans les bibliothèques, les musées et les théâtres de répertoire. Plus important encore, elle fréquente ces lieux régulièrement.

Marie est responsable et rapide. Elle tient parole et est solvable, car elle perçoit les grosses dettes comme un boulet qui la retiendrait en arrière au moment de gravir les échelons du succès.

Ressemblez-vous à Marie Savoie ?

Semaine 52

Le pouvoir de la confiance

La confiance signifie proprement l'action. C'est la mise en pratique de votre foi en vous-même, en ces humains qui vous côtoient, en ces opportunités qui pullulent en Amérique du Nord, et ultimement votre foi en Dieu, une Puissance supérieure ou l'univers – pourvu que vous ne l'ayez pas perdue.

Plus vos objectifs sont louables, plus vous suivrez avec facilité les principes du succès. Il est impossible de ne pas s'enthousiasmer pour des objectifs dignes et souhaitables, sans s'y consacrer.

Je ne vous parle pas de ce que je considère comme vrai, mais de ce que je sais être vrai. Cette vérité, je ne l'ai pas inventée. Je ne revendique rien à son sujet, j'ai seulement observé pendant plusieurs décennies son application constante dans le quotidien.

Impossible de vous offrir des preuves concrètes de la justesse de ces lois du succès ; prenez vous-même à témoin. Vous pouvez obtenir des preuves en essayant et observant ces lois.

Quant aux sources plus solides faisant autorité, je vous recommande les enseignements et la philosophie du Christ, de Platon, de Socrate, d'Épictète, de Confucius, de Ralph Waldo Emerson, de William James et d'Hugo Münsterberg, sans oublier Tenzin Gyatso, le 14e dalaï-lama ; c'est de leur travail que j'ai extrait les vérités fondamentales les plus importantes. J'y ai ajouté ce que j'ai recueilli au cours de mes propres expériences.

L'exercice soutenu de la Règle d'or dans votre vie quotidienne est inhérent à la mise en pratique du principe de la foi. Depuis plus de 4 000 ans, les hommes ont prêché la Règle d'or comme règle de conduite à suivre, mais malheureusement le monde a accepté les mots, mais est passé à côté de l'esprit de cette recommandation universelle. Nous avons accepté la Règle d'or comme une règle de conduite morale valable, sans avoir compris la loi sur laquelle elle est fondée.

Voici la loi : nous récoltons ce que nous semons. Quand vous choisirez votre règle de conduite pour vous guider dans vos relations, vous serez juste et équitable, car vous mettrez en œuvre un pouvoir qui peut poursuivre sa course (pour le bien ou pour le mal) dans la vie des autres, et revenir finalement à vous, selon sa nature, pour vous aider ou vous nuire.

Vous avez le privilège de vous montrer injuste envers les autres, mais si vous comprenez le fondement de la Règle d'or, sachez que vos injustices retomberont sur vous. La loi n'implique pas seulement que vos actions injustes et méchantes à l'égard d'autrui retomberont sur votre tête ; elle va beaucoup plus loin, car le même sort est réservé à chacune de vos pensées.

Ainsi donc, pour profiter pleinement des avantages de cette grande loi universelle, il est recommandé de ne pas faire aux autres ce que vous n'aimeriez pas qu'ils vous fassent, mais aussi de penser à propos des autres ce que vous aimeriez qu'ils pensent de vous.

Votre caractère est la somme totale de vos pensées et de vos actes ; il vous est alors impossible de rendre un service utile ou d'accomplir un acte de gentillesse à l'égard des autres, sans en tirer avantage. Il vous est également impossible de vous prêter à un acte destructeur ou à une pensée destructrice sans subir la perte d'un montant égal à votre pouvoir aussi bien qu'à votre tranquillité d'esprit.

Vous êtes un aimant humain. Vous attirez ceux dont le caractère s'harmonise avec le vôtre et vous repoussez tous les autres. Si vous souhaitez attirer des personnes prévenantes, gentilles, généreuses et des artisans du succès, vous devez être ce genre de personne. Ce choix vous appartient, seulement à vous.

PEFC
PEFC/14-38-00306

Certifié PEFC

Ce produit est issu de forêts gérées durablement et de sources contrôlées

www.pefc-france.org

14554

Composition
NORD COMPO

Achevé d'imprimer en Espagne
par BLACKPRINT
le 2 décembre 2025

Dépôt légal janvier 2026
EAN 9782290404317
OTP L21EPBN000696-627123

ÉDITIONS J'AI LU
82, rue Saint-Lazare, 75009 Paris

Diffusion France et étranger : Flammarion